目次

はじめに

「活弁」

古い廃れた文化だと思っていませんか？

映画の草創期、まだフィルムに音がなかった時代、無声映画、いわゆる『活動写真』には必ず「活動弁士」と言われる説明者がいて、その語りと楽士の生演奏とともに、にぎやかに映画を楽しんでいました。

無声映画には、音がありません。活動弁士は、その説明、解説をする人であると同時に、自分のセンスで登場人物のセリフを巧みに入れて、その話術によって映像世界をナビゲートする役目でした。ある意味、現在のアナウンサーであり、ナレーターであり、コメンテーターであり、アニメや吹き替えの声優であり、シナリオライターでもあり、語り部です。

同じ作品も、弁士の語りによって、ぜんぜん印象が変わります。面白くも、つまらなくも、わかりやすくも、うれしくも悲しくもなるのです。テレビのない時代、「活動写真」は最大の娯楽。それを盛り上げる「活動弁士」は暗がりのスターでした。

わたしは、ＮＨＫのアシスタントキャスターから社会人生活をスタートさせましたが、さまざまな仕事をするなかでこの「活弁」に出逢い、魅せられてしまいました。

時代性と普遍性。これは映画そのものが持つ大きな魅力ですが、「活弁」には、さらに、弁士の語りと楽士の音楽によって、一〇〇年も前の無声映画が大きく印象を変えて蘇るという魅力があります。

子どもたちには日本独特の文化である活弁公演を体験してもらうことにより、日本の映画文化の歴史に触れ、映画の原点を知ってもらい、豊かな感受性、想像力、創造する力を養っていただくよい機会となります。活弁を知る年輩者にとっては懐かしく、胸躍る映画体験。心も脳細胞も活性化します。

みんなが同じ空間、暗闇のなかで集中して大きなスクリーンを見つめ、泣き、笑い、緊張し、興奮し感動する……かつてはごく当たり前であった、こうした映画の原風景の素晴らしさを、デジタル時代のいまこそ味わっていただきたいと思っています。

佐々木亜希子

■1■わたし、活動弁士になる！

山形の日々

確かわたしが三歳のころだったと思います。両親が注文した児童書、段ボール二箱が届きました。三歳くらいの絵本から小学校高学年の読み物まで、さまざまな本が入っており、それを順に読んでいくのが楽しみでした。

最初に読んだのは、ディック・ブルーナのミッフィーシリーズ『ちいさなうさこちゃん』『うさこちゃんとうみ』『ゆきのひのうさこちゃん』でした。「三つ子の魂百まで」と言いますが、大好きで何度も読んでいるうちに覚えてしまい、母や祖父母にそらで語っては、喜ぶ大人の顔に自分自身も得意気だったことを思い出します。祖母もよく子守唄を歌い、昔話をしてくれる人でした。幼少期のわたしは、空想の世界が大好きな想像力豊かな子でした。自我の芽生えも早く、生死について考えたりして、保育園のお昼寝の時間には眠った記憶がありません。

わたしが生まれたのは、日本海に面した港町山形県酒田市。米どころ庄内平野の農村部です。一学年一クラスという小規模な上田小学校へ入学するとまもなく、毎朝、母と国語の教科書を音読するようになりました。先生に「朗読がとても上手ですね」と褒められたのがきっかけで、わたしはますます国語や読書、音読が好きになっていきます。大人たちから「声がきれいね」と言われたことも、自分の声を好きになるきっかけになりました。

見渡す限りの田んぼと広い空、遠くにそびえる独立峰、鳥海山の勇壮な姿を見ながら、三〇分かけての登下校。その時間は、最高に素敵な想像と創造の時間で、四季折々に移り変わる風景と風の匂いに心を弾ませながら、お話や歌をつくったものです。授業中は漫画を描き、休み時間には友だちと即興芝居。小学校の演劇クラブでは、脚本を書き、出演しながら演出もしました。自作の歌を、既存の曲のような顔で友人たちにも覚えさせ、ステージで発表したこともありました。六年生のときには、演劇クラブの仲間を引き連れ、朝の自習時間に一年生の教室で読みきかせをしていました。まったく自主的な企画でしたが、先生にも一年生の児童たちにも喜ばれ、充実していました。いい思い出です。

兄弟みんなで盛り上がるお楽しみ会も好きでした。父が佐々木家の七人兄弟の長男で、お盆やお正月には、自宅に叔父叔母、従兄妹たちが大勢集まります。お楽しみ会を企画し、司会をし、わたしのつくった「佐々木家のテーマソング」を弟妹と歌い、ミニ芝居をし、叔父叔母たちにも、それぞれに一芸を披露してもらって、みんなの笑顔を見るのがとにかくうれしかった記憶があります。あのころのわたしは、まぎれもなく、いまにつながるわたしです。

また、子どものころから、ノスタルジックなものに惹かれていました。小学一年生の夏休みの自由研究では、村の全戸の屋号を調べて地図にし、六年生のときは茅葺屋根について、友人と共同でフィールドワークしながら、その構造、特徴（長所短所）、歴史、現在の状況などをまとめ、発表しました。とにかく祖父母や両親の子どものころの暮らし、文化に、なんとなく憧れとはかなさを感じ、親近感を覚えていたのです。そして、「人と同じではない、自分ならではの表現で、他人を楽しませたり考えさせたりするような仕事につく」と、一〇歳ごろから漠然と考えていました。すべてが「活弁」や、現在手がけているさまざまな仕事につながっている気がします。

文武両道

農村部の三小学校（上田、本楯、南遊佐）からなる鳥海中学校も全校生徒三〇〇人弱の小規模校でしたが、「文武両道」を掲げる校風で、ブラスバンド部以外は運動部。全校生徒が部に所属し、ハードな練習に勤《いそ》しむのが当たり前の三年間でした。

「文武両道」は佐々木家のモットーでもありました。母は子どもたちが教師になることを望んでいました。父は市の体育振興会や卓球協会の役員で後に会長も務め、スポーツ振興、子どもたちの育成、指導にも熱心でした。両親がスポーツ少年団で卓球指導をしていたこともあり、わたしも小学四年から卓球を始め、自然な流れで中学では卓球部に。二年の後期から部長を任され、非常に人数の多い女子卓球部をどうしたらまとめられるかと苦心しました。「勝つ」ことを目標にした部活動でしたが、人数が多すぎて、全員が大会に出ることができない。選手として選ばれないとわかっている部員は、遊びがちになる。どうモチベーションを上げるべきか。強いチームをつくるにはどうしたらいいか。スポーツには、「勝つ」以外に、「健康になる」「楽しむ」「リフレッシュする」などのレクリエーション的側面もあるわけですが、全員で「勝利」という同じ方向に向かうことの難しさと自分のリーダーシップのなさをひしひしと感じる毎日でした。

同時に、一年生から三年生まで、部活動のように活発に活動している新聞委員会に所属。鳥海中学校は中学校新聞コンクールの上位入選常連校で、当時は、顧問の相蘇眞理枝《あいそまりえ》先生の指導のもと、文部大臣賞や県の最優秀賞をいただいていました。あれこれみんなで紙面の企画を立て、取材をし、全校アンケートをとったりして記事を書き、レイアウトしていくのは、とてもクリエイティブで楽しい作業でした。国語の先生でもある相蘇先生は、わたしが中学一年で近隣の村に引っ越すまでお隣さんでした。国語、新聞、作文と三年間お世話になり、日本語の繊細さと日本語を使って表現する楽しさを教えていただきました。東北電力作文コンクールで優秀賞をいただき、仙台まで先生と一緒に表彰式に行ったこと、賞として鳥海中学区の鳥瞰図を作ってもらったことは、中学時代のいい思い出です。お題は、毎年父が旗をふって家族で行っていた『我が家のクリーン作戦』でした。

高校は地元の進学校、山形県立酒田東高等学校に進みました。大先輩に俳優の成田三樹夫《みきお》さん、歌手の岸洋子さんがいらっしゃいます。このお二人は同期でした。わたしは現在、東京にある同窓会の執行理事と会報の編集長を務めていますが、最新号では「酒東偉人伝」というコーナーで成田三樹夫さんを取り上げました。

高校時代は、卓球を離れ、サッカーを始めます。地元ではそれなりに強かったうちの中学校から団体戦のレギュラー四人が入学したのに、わたしはじめ一人も卓球部には入部せず、酒田市の卓球協会の手前、父はさぞかし肩身の狭い思いをしたことと思います。両親にはかなり嫌味を言われた記憶があります。わたしも申し訳ないと思いつつ、「自分のやりたいことをやりたい」という思いが強く、サッカー部のマネージャーをしながら、市内のママさんサッカーチームに所属して自分でもプレーするようになり、そのうちに市内で高校の枠を超えた女子サッカーチームを作って大会に出るようになりました。「人と違っていても、反対されても、いろんな壁があっても、自分がやりたいと思ったものを選ぶ」。このある意味頑固な性格のおかげで、活動弁士の道に進むことができた気がします。

大学で関東へ

わたしは、大学へ進学してさまざまなことを学びたい、経験したい、視野を広げたい、と思っていましたが、田舎なせいか、両親はまだそのころ、「教師になる以外は、女の子は大学に行かなくても」「高校を卒業したら地元で結婚してくれればいい」という感覚でした。サッカーに明け暮れたせいではありませんが、小説まがいのものばかり書いていたこともあり、結局高校時代はまったく勉強に身が入らず、「現役で、国立大学でなければ、進学はさせられない。働きなさい」と言われながら現役合格できなかったわたしは、これまた両親の反対を押し切って新聞配達をしながら東京の予備校に通い、一浪の末、埼玉大学教養学部教養学科へ進むことになりました。「大学では教員免許をとる」ことが条件でした。文学、哲学、倫理学、史学、文化人類学など学びたい分野がたくさんあり、入学前には専攻を決めにくかったため、〝大学二年になるときに一五コースから専門分野を選べる〟という、この教養学科は魅力的でした。

中学高校時代の「学力が高いほうがいい」という価値観が、次第に自分を束縛して、想像力をそいでしまったことや、アウトプットできていないことへの焦り、足元のおぼつかなさ、将来への不安を抱きつつも、大学では、講義、サークル、バイト、お酒、遊び、恋愛と、大学生らしいことを一通り、しかもいま思えばかなりの密度で、体験させてもらいました。わざわざドラマを観たり読んだり創ったりする必要を感じないくらい、日常の実体験がドラマだったかもしれません。さまざまな場面でさまざまな役を演じていて、ときめいて、泣いて、笑って、悩んで、怒って、目まぐるしい日々でした。

本業の勉学はというと、二年のコース分けでイギリスコースを専攻しました。専攻以外の講義もいくらでも選択できる学科でしたので、フランス、ドイツ、アメリカと、一九世紀末〜二〇世紀初頭のヨーロッパを中心に、文学、文化、歴史、哲学思想、日本文学・文化、文化人類学等々、興味のあるものを片っぱしから受講しました。実は、それが多少なりとも、「活動弁士」として、一九世紀末に始まり二〇世紀初頭に栄えたサイレント映画の台本を書き、語る、いまの仕事に生きていると思っています。

卒論はジェイムズ・ジョイスの『若き芸術家の肖像』（一九一六年）について。ジョイスの自伝的要素の濃い作品で、わたし自身の当時の苦悩も重ねて、自分自身が卒論を書くことでカタルシスを得た気がしています。ジェイムズ・ジョイスは〝意識の流れ〟という手法で小説を書きますが、代表作『ユリシーズ』（一九二二年）も『フィネガンズ・ウェイク』（一九三九年）も、いくつもの映像が瞬間的に変わり、脈絡があるようでないような、場面がわたしたちの意識のように流れていく、いわば実験映像的な小説です。ちなみにジョイスは、まちがいなく当時最先端の娯楽「サイレント映画」に魅了された一人です。アイルランドのダブリンに生まれた彼は、一九〇九年にダブリンで最初の映画館「ヴォルタ座」を設立しているのです。ただし、彼の手がけたほかの事業と同じように、失敗に終わり、あっけなく倒産するのですが、その後も、ダブリンの映画館主になろうと画策した時期がありました。

テレビの世界

大学時代たくさん経験したバイトのなかに、「ＮＨＫ浦和放送局でのライトマン」があります。ライトマンというのは、カメラアシスタントで、記者やカメラマンのニュース取材に、カメラや三脚を担いでついて行き、セッティングを手伝い、撮影の際には対象物にライトをあてます。中継やリポートの撮影にも同行するので、埼玉県内のあちらこちらにロケに行けるのが楽しみでした。

また、NHKのカメラマンさんや記者さん、ディレクターさん、女子リポーターさんたちの仕事はとても魅力的で、刺激的な現場でした。和気あいあいの職場。仲がよく、それでいて、「視聴者に伝える」こととなると、時にお互いのポリシーや意見をぶつけあう。真摯に取り組む姿に感銘を受け、緩さと緊張感の同居も心地よく、二年間働いたこの職場に、もっと属していたいと思うようになりました。

でも、何事もスタートの遅いわたしは、「普通に就職していいのか」という迷いと、「いまのわたしでは表現できるものは何もない」という焦りと、「まずは就職しなくてはならない」という義務感の狭間で大学四年の春を迎え、どんどん就職活動をする同期たちに半ば同調するように、数カ所の就職試験を体験します。親との約束を守り、六月には教員免許取得のための教育実習を受けました。ちなみに、英語ではなく中学・国語です。そして、実習から戻ってきて、雑誌や書籍の編集をしている出版編集社に就職を決めたのが、夏休みも終わるころでした。親が納得する就職をという思いと、東京に残りたいという気持ちがあり、まずは、なんでもいい、「書く」「つくる」という現場から始めようと思っていました。子どものころから、書くことや取材することは好きでした。詩や作文で賞をもらったり新聞委員を務めていた経験からかもしれません。地域や学校で活躍する人や校内の課題などを取材し、記事にすることには、とても価値を感じていました。

そして、就職先を決めて、卒論制作に追われていた一二月下旬、母から電話が入ります。

「NHK山形でアシスタントキャスター募集しったがら、受げでみれ」(山形・庄内弁)

という連絡、提案、いや、いわば懇願でした。わたしの大学時代のさまざまな愚行に、とにかく山形に帰ってほしかった母は、

「NHKのキャスターだば、受げでもいんでろ。受がる確率はまずひっぐ(低い)ど思うんども」

と、故郷で就職するという、最後の頼みの綱に賭けていました。

そしてわたしは、年末の帰省時に、応募用紙と課題のレポートを持って山形放送局へ行き、年明けにオーディションを受けることになります。ありがたいことに、大学に講師としていらしていたフジテレビのアナウンサー増田明夫氏が模擬面接をしてくださったり、アルバイト先のNHK浦和放送局の方々も応援してくださったりしたためか、たまたま、その年たった一人の採用枠に入れていただいたのでした。

しかし、振り返るとまったくいいアナウンサーではありませんでした。失敗談や笑い話は枚挙にいとまがありません。まず、アナウンサーとしての自覚が不足していました。夕方のニュース番組のアシスタントキャスターとして採用いただいたのですが、大学を出たばかり、社会をよく知らない自分が、山形ローカルとはいえ(すみません)、「NHKのキャスターです」という顔で、視聴者

みんなが納得するような気の利いたコメントを発せられるとは、まったく思っていないので、毎日、ものすごいプレッシャーでした。

特に不慣れだった最初のころは、自信のなさから声も小さくなり、表情も硬くなってしまい、ほとんど鬱状態のような時期もありました。なかでも中継が苦手でした。こう言っては元も子もありませんが、実は引っ込み思案な一面もあり、昔もいまも、けっして話がうまいほうではありません。

それでも、そのうち慣れてくると、自分でネタを探して企画を出し、リポートをするのが楽しくなりました。企画が通れば、県内各地にカメラマンと一緒に赴き、撮影した映像のラッシュ（素材）を見て、構成表を書き直し、編集していただいて、ナレーション原稿を書き、自身でナレーションするのです。それが非常に楽しくなって、何一〇本も取材を行いました。地域の伝統芸能を復活させようと奮闘する方々や、過疎化する小さな島（山形県の飛島《とびしま》という離島）の卓球家族、車椅子のご夫婦の仲睦まじく健気な結婚生活、廃校になってしまったわたし自身の小学校の取材も行いました。大学時代に兵頭裕己先生（日本中世文学、芸能研究者）の講義で聞いていた祭文語り「デロレン祭文」の最後の語り部が山形県白鷹町にいらっしゃることを知り（計見八重山《けみやえざん》氏）、リポートを手掛け、ディレクターさんに三〇分の番組にしていただいたりもしました。

それらの仕事はとても充実していましたが、わたしの中にはやはり、自分の居場所はここではないのではないか、という悶々とした感覚が疼いていました。

「ニュース」を正確に伝えることは、とても重要なアナウンサーの仕事です。自分が伝える価値があると思うリポートも、もちろんあります。この仕事で、問題意識を喚起し、社会に小さな変化をもたらすことができるかもしれない、とも思いました。でも、それらはすべて事実の断片ではあるけれど、なかなか人間や人生の本質、社会の真実を直視するものではない、と思っていたのです。むしろわたし自身は、映画や演劇、文学などの芸術のほうが、真理や本質を表現しやすいような気がして、どうしても惹かれてしまうのでした。

活弁と出会う

三年間の期限が来て、心配した上司が別の放送局でのアシスタントの仕事を紹介くださったのですが、「わたしはアナウンサー向きではない、もう三年同じことをやっても、いまと同じことを考えているだろう」と思い、「わたしがするべき何か」をみつけるために、とにかく上京しようと決めました。それから、NHK山形での三年間の契約が終了した一九九八年の三月、思い切って大学時代に住んでいた浦和に越しました。

まずはできることをして稼ぐべく、お世話になったのが、FM埼玉NACK（ナック）5と、大学時代に就職の決まっていた出版編集社でした。「週の半分だけ働かせてほしい」と図々しくもお願いしたところ、ありがたいことに採用していただけることになりました。NACK5ではニュースアナウンサー、リポーターの一人として所属させていただいたのですが、そのときのチーフアナウンサー、斎藤弘美さんが、わたしの運命を変えた方です。

そのころ、朗読劇団でも活動したり、シナリオセンターで勉強を始めていたわたしに言いました。

「あきこ(亜希子)ちゃん、『活弁』は観たことある?『朗読』や『語り』に興味があるなら、観ておかなきゃダメよ。日本独特の話芸文化なんだから」

そして、ほかのアナウンサーさんや彼女が講師を務める大学の学生さんたちと一緒に連れて行ってくれたのが、澤登翠《さわとみどり》先生の活弁公演でした。忘れもしません。一九九九年一〇月二九日、池袋の豊島区民センターです。演目は『キートンの探偵学入門』(一九二四年)と『番場の忠太郎 瞼の母』(一九三一年、稲垣浩監督)の二本立てでした。楽団カラード・モノトーンの生演奏付き。

『探偵学入門』では、まったく笑わないキートンのコミカルかつシュールな動きと映像、それに澤登先生の語りが加わっておおいに笑い、『瞼の母』では片岡千恵蔵の忠太郎に涙して、映像と語りと生演奏のそのステージに、わたしはすっかり魅了されてしまいました。

その当時、わたしは、「これからは映像と芝居と音楽などが融合した『総合舞台芸術』がさかんになるだろう」と考えていました。そして、初めて「活弁」に触れたわたしは、「なんだ、日本にはすでに、しかも古くからあったんじゃないか！　日本の映画文化の原点は、語りと生演奏とのコラボレーションで楽しむ、三位一体のエンターテインメントだったんだ！」と、目から鱗が落ちた気持ちだったのです。さらに、その斎藤弘美さんに、「弁士は無声映画の台本を自分で書くのよ」と聞き、わくわくしました。もともとノスタルジックな世界や伝統的なものに惹かれる性分と、「書きたい」「演じたい」「演出したい」という欲求と、そのすべてが叶えられる気がして、本当にときめきました。

また、「現役活動弁士は日本にただ一人なのよ」という弘美さんの言葉に、NHK山形時代、常にネタ探しをしていたわたしのアンテナが反応します。

「ということは、こんな面白い、日本独特の話芸文化、映像文化が消えかかっているの!?」

――ぜんぜん古くない！　とても面白い。映像と、語りと、音楽、それに自分の想像力を動員して、昔の映像世界へトリップできる、こんな素敵な芸能があったとは！　これが消えかかっているって？　それはいけない！　これは絶対に継承していく価値がある!!――

見回せば、会場内のお客さまは高齢者がほとんど。とてももったいない気がしました。やり方次第で、もっと若い世代、子どもたちにも楽しんでもらえるのではないか。そして、文化・芸術の分野だけでなく、「教育」や「福祉」の分野にもきっと役立つはずだ。過去から現在、未来へ、絶対に広がりを持つ芸能だと感じました。

次の日です。斎藤弘美さんに電話しました。

「めずらしいわね、電話なんて。どうしたの、あきこちゃん」

ドキドキもじもじしながら

「わ、わたし、活動弁士になりたいです」

弘美さんは、大笑い。

「あきこちゃん〜！　言うと思ったわ！　帰り道は無口になっちゃって、様子が変だったし」

「え？」

「でもねえ、難しいわよ。まず、食べていけない。需要は、全国に翠さん一人で足りてるくらいだからね。あと、話芸だから、ものになるまで一〇年はかかるわね。それから、作品の背景や無声映画当時の歴史とか、とにかく幅広い知識が必要よ。彼女は弟子もとってないしね」

あきらめきれないわたしは、澤登先生が所属するマツダ映画社主催の話術研究会を訪ねたり、澤登先生の追っかけをしたり。いろんな会場で活弁を観ては、勝手に自分の語る姿をイメージしていました。

活動弁士になるチャンス

そうして一年が過ぎたころ、チャンスがめぐってきたのです。鶯谷に常設の無声映画レストランシアターができるというので、新人弁士オーディションが行われたのでした。映画『Shall we dance?』(一九九六年、周防正行監督)でダンス教室として使われたビルに、閉館した「ワールド」という三層吹き抜けのグランドキャバレーがあり、昭和レトロなその空間を、「無声映画」の殿堂『東京キネマ倶楽部』として蘇らせようというプロジェクトでした。わたしのマネージャーさんに相談するのですが、彼は、テレビ局のディレクター時代に晩年の徳川夢声氏にインタビューしたこともあっただけに、「どれだけ難しいかわかってんのか! 無理だ」と一蹴。かくなるうえは、と、内緒で受けたオーディション。「芸能界への登竜門!」とデビュー雑誌に掲載されていたらしく、声優やタレント志望の若者がけっこう来ていました。

弁士や無声映画に関する多少の知識を詰め込んで臨んだ筆記試験と、その場で活弁台本を読む実技テスト(ちなみに、邦画『切られお富』(一九三七年、石山稔監督)か、洋画『東への道』(一九二〇年、D・W・グリフィス監督)によるワンシーン、どちらかの台本を選んで語るものでした。わたしは『切られお富』をチョイスしました)。またも幸運の女神がほほえみ、なんとかそのオーディションを突破して、数人の女性たちとともに新しい活動弁士としてデビューすることができたのは、二〇〇〇年一月のことでした。

平成の無声映画常設館「東京キネマ倶楽部」

総勢一〇人ほどだったでしょうか、「東京キネマ倶楽部」には、みんな即戦力として採用されたようですが、最初はとてもとまどいました。まず、突然、出演日と演目が決まり、VHS（ビデオテープ）と資料を渡されます。デビュー作はたしかD・W・グリフィスの『散りゆく花』（一九一九年）。同期デビュー女性弁士三人のリレー活弁でした。「台本は自分で作る」のが弁士。そう言われたものの、初めての仕事です。書き方を習ってもいないので、どう書いたらいいのかさっぱりわかりません。毎回、まったくの試行錯誤でした。

それでも、澤登先生の師匠である、一世を風靡した松田春翠《しゅんすい》先生（一九二五〜一九八七年）の語りが録音で残っている作品は、春翠先生のご子息である、マツダ映画社の専務松戸誠さんが、参考に、と貸してくださいました。そして、「習うより慣れろ」「学びはマネび。模倣から入ってコツをつかめ」と教わり、わたしたち新人弁士は、春翠先生の語り入りのビデオテープや、澤登先生の口演、東京キネマ倶楽部のほかの方々の活弁をとにかく聞きまくって、拙い台本を作りました。

わたしはじめまったく活弁が初めての女性弁士四人のほかに、話術研究会で長年活弁に親しんできた方や、落語家、講談師さんも別のオーディションで採用されてステージに立っており、同じ作品を日替わりで違う弁士が担当するのも、この常設無声映画館の売りでしたから、「弁士が違い、語りが違えば、作品がぜんぜん違って見える」ことを体感する毎日でした。

不安いっぱいのまま立ったステージ。詰め込んだ知識を思い出しながら、ようよう前説を務め、スクリーンとマイクに向かうものの、これでいいのか、まったく自信がありません。当然客席の反応もうすく、呆けたように挨拶をして下がります。さらに困難なのは、いわゆる「ドタバタ」のスラップスティックコメディ。短編とはいえ、いや短編だからこそ、展開が速く、観ているうちにどんどん映像は先に行ってしまいます。語りやセリフを入れると、リズムが崩れ、逆に笑いをそいでしまいます。そんなこんなで、まったくウケないコメディに、涙が出てくる始末。

また、堅いアナウンサーロ調からなかなか脱皮できず、シリアスな作品のナレーションはともかく、セリフや時代劇の語りはからきしダメ。わたしの場合、まずは「恥ずかしい」という殻を破り、「照れ」を捨てることからでした。マネージャーさんや大学時代の友人は、いまも、「最初のステージは観ているこっちが恥ずかしかった」と笑います。

その後、自分なりに登場人物のセリフが楽しくなったころ、指摘されたのは、「男のセリフも声が高くて、男に聞こえない」というものでした。わたしはもともと声が高めで、「高音が透明感があってきれいね。薬師丸ひろこみたい」と言われることをうれしく思う反面、声の細さが悩みでした。それをどうやって克服したか、は後ほど、お話しいたします。

なにせ初めての活弁で、即戦力のため、本番が続き、憧れの澤登先生ともほとんどお話しできず、そうして半年があっという間に過ぎました。

「平成の無声映画常設館」は、マスコミでの露出がそれなりにあったので、最初は珍しさにお客さまもいらっしゃいましたが、一度、もしくは数回来場してもなかなかリピーターにはならず、その後はお客さまが入るのは、やはり「プロ」の活動弁士、澤登先生の回だけで、あとは閑古鳥が鳴くようになっていました。やがて営業日は週の後半だけとなり、ほとんど出番のない弁士も出てきました。そして、一年経ったころには、月に一日、昼と夜の公演のみとなります。いよいよ「東京キネマ倶楽部」存続が危ういというその時期に至って、ようやくわたしたち新人弁士一同は、「澤登先生の弟子にしてほしい」と、なかなか切り出せなかった申し出をして、全員が澤登門下にしていただいたのでした。澤登先生はおっしゃいました。

「わたしも、師匠には具体的に手取り足取り教えてもらったわけではありません。芸は盗むもの。観て聞いて、そしてとにかく映像を何度も繰り返し見て、自分なりの活弁にしてください。映像を何度も何度も観るうちに、最初には気づかなかったことに気づきます。何度見ても新しい発見がありますよ」

そして、「何よりも礼儀が大事です」とわたしたちを諭してくださいました。でも、残念なことに、ようやくわたしが長編大作に取り組ませていただけるようになったのも束の間、二〇〇二年七月、約一年半で、無声映画常設館としての「東京キネマ倶楽部」は閉館となり、その後は貸館となりました。

チャップリン映画祭で感動！

最初にいただいた「東京キネマ倶楽部」以外での活弁の機会は、岐阜県下呂市の下呂温泉での「シネマテーク二〇〇一チャップリン映画祭」でした。まだキネマ倶楽部が営業していたころです。わたしにとってとても印象深い、忘れられない映画祭です。岐阜県の下呂温泉、ここにチャップリンの等身大のブロンズ像が立ち、二〇〇一年一〇月から一二月にかけて、地元の方々の尽力で二カ月に渡る映画祭が実現しました。わたしは三度も下呂へうかがい、『キッド』(一九二一年)『黄金狂時代』(一九二五年)『街の灯』(一九三一年)といったチャップリンのサイレント期の代表作を語らせていただきました。

手作りの特設会場には、ハリウッド映画のレトロ看板が設置され、映画ポスターや写真が展示されていました。映画祭実行委員の中子真治さんはアメリカで映画の仕事になさっていた方で、『SFX映画の世界』(講談社)『ぜんぶスターウォーズ』(集英社)等の著者。展示は彼のコレクションが中心で、街のみなさんの映画への思い、街の活性化への思いを凝縮して素敵な空間を作っていました。芝居小屋っぽい温かい空間だったのですが、一一月三日初日のオープニング特別試写会では、いっぱいの招待客の前で、わたしは随分と緊張していた記憶があります。

四日（日）は、下呂温泉旅館会館四階で、篠田正浩監督の講演会の後、『黄金狂時代』の活弁公演。金鉱探しにやってきたチャーリーが、雪山で寒さと飢えと戦うはめになる『黄金狂時代』は、いまでもわたしの中でベスト一〇に入る好きな作品ですが、慣れない大作、超名作の台本作りに悪戦苦闘したことを思い出します。

一〇日（土）一一日（日）は、ともに『キッド』一日三回公演。一日に三回の公演を初めて体験しました。このときの忘れられない感激があります。次の日の朝に、ある女性が、「昨日は感動しました。ありがとうございました」とわざわざ花束を持ってきてくださったこと。そして、一日三回の公演に三回とも来てくれた小学生の男の子がいたこと。チャップリンは観れば観るほど面白い。一回目に食い入るように観ていた彼は、二回目はさらによく笑い、三回目、友だちを連れてやって来て、観ながら、「次が面白いんだよ！　チャーリーがさあ〜」と友だちに得意げに言い始めます。チャップリンの面白さに笑い、優しさに感激して、ワクワクする映画体験をした子どもたちがいたことは本当にうれしいこと

感動と再会。
下呂温泉
シネマテーク
2001
永遠にあたたかい心に生きつづける
平和の使者、そして世界市民、
チャールズ・チャップリン、
いまこそあなたに学びたい、
やさしさ、愛、勇気、夢いろいろ。
11月の下呂温泉で
チャップリンの感動に再会できます。
チャップリン映画祭

「チャップリン映画祭」チラシ

でした。

「面白かった〜！」

と言って元気に自転車で坂道を登っていった少年たちの姿は、わたしに「活動弁士」という仕事の価値ややりがいを教えてくれました。

しかし同時に、この上映会の観客の少ない回では、はがゆさ、せつなさも感じました。老舗温泉街の若い人たちが力を合わせ、手弁当で作り上げている映画祭。ここに行き着くまで大変なご苦労があったはずです。わたしは「活弁、面白いから行こうよ」「あの弁士来てるから観なくちゃ」と言ってもらえる活動弁士にならなければ本当に申し訳ないと思いました。大人にも子どもにも、活弁を、この素晴らしい無声映画を、おおいに楽しんでもらえる弁士になりたい——。

一二月二四日（月）はクリスマス映画会と平和への祈り。最後の上演は『街の灯』でした。チャーリーの見事なボクシングシーンに目を見張り、笑い、盲目の少女への献身にほろりとする、素晴らしい名作。それを語らせていただくという、当時のわたしには身に余る光栄でした。

その日の夕暮れ、チャップリンのブロンズ像の周辺でローソクに火を灯し、みんなで世界平和を願いました。チャップリンの望んだ世界平和を、温泉街の人々も、実行委員も、観光客も、みんながローソクを灯して祈ります。一二月下旬の下呂の、本当なら霜の張りそうなブロンズ像が、温かい灯に囲まれ笑っているように見えました。

「活動弁士」を続けたい

「東京キネマ倶楽部」が閉館になると、澤登先生以外の、そこだけが出演の場だった我々新人弁士たちには活動の場がなくなりました。そのままフェードアウトして、本来の仕事だけに戻った方々もいます。が、わたしにはさらさらやめる気はありませんでした。下呂での「チャップリン映画祭」での感動もまだあふれていました。

ようやく少しずつ「活弁」が形になってきたのに、いまやめるなんてありえない！　マネージャーさん、マツダ映画社さん、周囲の友人たちに協力を仰ぎ、定期的に活弁上映ができる場所を作っていただきました。最初の月一定期上映は、銀座のデプス（DEPTH）というライブやイベントも開催しているバーでした。二〇〇二年一〇月にスタートし、お店がクローズした二〇〇四年七月まで、毎月第三水曜日に開催。洋画の名作を中心に上演させていただきました。赤と黒を基調にしたオシャレなカクテルバーで、おいしいカクテルを飲みながらの活弁ライブ。弁士とお客さんの距離が近く、ちょっと違った緊張感がありました。この会場と雰囲気を気に入ってご贔屓にしてくださったお客さまもいました。二五人入っていっぱいの小さな会場でしたが、ここで月に一本の作品を作って上演することでレパートリーが少しずつ増えていきました。

故郷公演は出会いと発見の連続

初めて故郷山形市、遊佐町、旧平田町（現酒田市平田）で公演したのは二〇〇二年、「東京キネマ倶楽部」が閉鎖してまもなくでした。

「活動弁士を続けたい。故郷のみなさんに活弁を観てほしい」

わたしのお願いに応じて山形公演を企画くださったのは、山形ドキュメンタリー映画祭のプロデューサーさん、遊佐町公演は地元の劇団のアートプロデューサー、平田町公演は映画サークルの方々でした。上演作品は、喜劇の神様と謳われた齋藤寅次郎監督の『子宝騒動』（昭和一〇年）と、チャップリンの『キッド』。『子宝騒動』は、和製チャップリンと言われた小倉繁主演のドタバタ喜劇で、齋藤寅次郎監督のナンセンスな笑いが全編を貫いています。どこへ行っても、子どもからお年寄りまで大笑いしてくれる貴重な作品です。笑って笑って、『キッド』の最後にほろりとする。人気のラインナップでした。

山形市内では、良質の映画を上映することで有名なフォーラムシネマネットワークが協力してくださり、九月六日（金）新しくできた西口霞城セントラルビルの映画館ソラリスを会場に上演。ＮＨＫの山形放送局時代にお世話になった職員、スタッフさん、取材させていただいた町の方々もたくさん足を運んでくださいました。みんな、わたしの新たな出発と「活弁」を激励してくれました。感激でしたし、NHK時代に入ったことのない民放のテレビ局内で番組出演したことも、当時のわたしにとっては面白い体験でした。

七日(土)の遊佐町での公演は、筒井米穀倉庫という、古い土壁の米蔵を会場に行われました。遊佐町の有志の方々や、地元にいたときからの友人が中心になって開催してくださったもので、米蔵にスクリーンを張ったにわか映画館はとても素敵な空間でした。階段状に席を作り、倉庫の雰囲気を活かして、演劇祭も行っている会場でした。夜、小さな村の小さな会場で、入り口に灯りを灯して、お客さまを迎え入れる。ラムネやビールも売っていて、村祭りのような温かい雰囲気。酒田市内からも、「この活動写真の雰囲気を子どもや親に味わわせたくて」と、家族みんなでいらしてくださいました。NHK山形にいたところ、酒田大火を題材にした小説『風の棲む町』(ねじめ正一著)が出版され、作品中に登場する書店を取材させていただいたのですが、その書店のオーナー堀さんご一家でした。「楽しがったの〜」と、村の夜道を子どもと手をつないで帰る後ろ姿が、一枚の絵のように暖かくて、いまも目に焼き付いています。こんな手作りの素敵な上映会を体験できるのは活動弁士の役得かもしれないと、感謝と幸福感に包まれました。

八日(日)は旧平田町(現酒田市)に新しくできたばかりの「ひらたタウンセンターホール」で公演。酒田は、淀川長治さんが「世界一の映画館」と称賛し、酒田大火の火元となってしまった「グリーンハウス」があった市です。グリーンハウス時代からの根強い映画ファンのみなさんが、平田の上映会を主催し、まだまだひよっこの「活動弁士」を応援してくださいました。一九九八（平成一〇）年に酒田に合併した旧平田町は父方の祖父の出身地。実行委員には、腕のいい桶職人だった祖父の本家をよく知る方もおりました。

「職人気質どご活がして、いい弁士さなんねまねぞ」

と励ましてくださり、とにかくみなさんの映画談議も楽しくて、地酒をたくさん飲んだ夜でした。

この三日間の故郷公演をきっかけに、その後、何度も県内で公演をさせていただくようになりました。地元酒田公演では、退職された妹の小学校時代の担任の先生が、

「教師だったうちの父が昔、学校で無声映画のフィルムを回して、弁士のようにして説明をつけていたそうです。いやあ、亜希子さんがこの仕事に就かれるとは、感慨深いですの〜」

と懐かしそうに話してくれました。

「昔、子どものころ、活弁を観るときに、映画館で必ずキャラメルを買ったんです。くじがついていて、当たると一回タダで観られた、それがうれしぐでの」

と声をかけてくださったお客さまもいました。

鶴岡公演では、鶴岡市大山に住む叔父の義父義母が、

「なづがしの〜。子どものころ、この辺さも楽隊ど一緒に活弁の巡業が来て、楽しぐ観だもんだ

〜」

と目を細めていました。

これらはすべて、わたしにとって、何にも代えがたい、ありがたい出会いであり、経験で、その後、全国の行く先々でこの幸せを味わうことになりました。

「カヅベン？　なんだもんだが」

少し遡りますが、「活動弁士」を始めたころのわたしへの両親の反応はというと。

最初に話したのは、「東京キネマ倶楽部」のオーディションに受かってまもなく帰省した正月だった気がします。「活動弁士になる。活弁をやる」と言うわたしに、二人ともしばし沈黙。困惑顔でした。

「カヅベン？　なんだもんだが……！　だれも知らねんでね」母は辛辣です。

「そんだ……あどとっくに廃れだ芸能だろ。どごでやんな？　だれ観んな？　観る人いんなだが？

（そんな……もうとっくに廃れた芸能でしょ。どこでやるの？　だれが観るの？　観る人いるの？）」

一九三六（昭和一一）年生まれの父も、

「お父さんだって、観だ記憶（きおぐ）ねぇがらのぉ。子どものころ観だ映画さも、あど声ついっだけがら……いわば、昔の、おばあちゃんの時代の、廃れだ芸能だよの」

「食べらいんなだが？　ＮＨＫ続げさせでもらえばよがったなさ……」

そのときのわたしが、活弁の新鮮さや可能性をうまく伝えられたとは思いません。両親の心配や反対をよそに、とにかく「東京キネマ倶楽部」という受け皿があるからと意地を通して始めたのでした。その足場がなくなって、地元で初公演をすることになったとき、

「酒田（さがだ）と遊佐で、公演企画（きかぐ）してくっでの、今度行ぐがら、知り合いさも声かげで連（つ）できての」

とお願いすると、父は、

「んだが～。すごいんでね。ありがでのぉ。したばまず、あちこちさ声かげでみっさげ」

と友人たちを呼んでくれたのですが、母は、

「あきちゃんさは悪（わり）んども、今回はまず、あたしだば人どごは呼ばんね。どげだもんだがわがんねもの」

と頑なでした。

そして当日。一緒に観に来てくれた両親。母の態度は一変しました。

「チャップリンの『キッド』、いい映画だの～！　おもしぇけ～。子どもだぢも笑ったけの～！　感動したしの～。ごめんの、こんだいいものだどは思わねけ。こいだば、もっともっと、子どもだぢさ見せねばね！」

母は、この数年前から、小学校で読み聞かせのボランティアをしていました。読み聞かせの絵本が、スクリーンでのチャップリンの白黒映画という大きなスケールになって、迫ってきたようで、「これはいい活動だ」と、それ以降、一番の応援者となってくれました。

ミュージシャンとのコラボレーション

東京での定期ライブも進展しました。銀座デプス（DEPTH）にいらしたイベントプロデューサー、環境オーガナイザーのハッタケンタロウさんが、「実験的な、新しい活弁をやろう！」と持ちかけてくれ、それから数年にわたって、ほぼ毎月「活弁シネマライブ」が開催されることになります。ハッタさんは、当時、ＮＰＯアースデー・マネー・アソシエーションで、渋谷を中心に、地域通貨を使った地域・環境貢献活動をしていました。渋谷川を清掃し、唱歌に歌われた綺麗な小川に戻そうという「春の小川プロジェクト」や、江戸時代の生活の知恵を現代に活かし、残り水で打ち水をすることで都会の温度を下げようという「打ち水プロジェクト」など、精力的に活動されていました。そうした活動にわたしもおおいに共感しましたし、ハッタさんも、「活弁は面白い！　初めて見る若者たちにも、絶対にウケルはず！　やり方次第でもっともっと広い層に関心を持ってもらえ、受け入れられる！」

と、わたしが活弁を始めたときと同じ想いで、さまざまなミュージシャンとのコラボレーションを企画してくれました。

「絶対これは、現代のミュージシャンと、新しい感覚で一緒にやったら、面白いものになります。ミュージシャンにとっても、刺激的で面白いはずです！」

そうして会場にしたのが、二〇〇三年一月、取り壊しまでの二年期限付きでオープンしたライブカフェ「渋谷ガボウル（gabowl）」でした。若いころオノヨーコが住んでいたというレトロモダンなマンションの地下にあり、音楽や朗読や、環境系のトークショーなど、さまざまなイベントが開催されているサブカルチャーの拠点的なハコでした。その会場で、毎回、ハッタさんがコーディネートしてくださるミュージシャンの方々とコラボレーションするのは、わたしにとってとても刺激的でした。『活弁シネマライブ』という命名も彼の発案。もともと、「活弁」は「シネマ×ライブ」という意味を含んでいるわけで、二重になるのですが、

「『活弁』だけでは、若者にはひっかからない。かといって、『活弁』を消しては、その伝統的な意味合いも消えてしまう。だから、『活弁』も活かして、あえて、シネマとライブという若者に馴染みやすい横文字も入れるんです。これは、古い昔ながらの活弁と、新しいいまの世代の弁士・楽士の融合なんです！」と力説し、デザイナーやコピーライターとしての能力もいかんなく発揮して、いつも素敵なフライヤーを作ってくださいました。

〝テレビを消して、みんなで集まり映画を観よう〟

――家で電灯をつけ、一人でテレビを見るより、みんなで会場に集い、ゆったりとレトロモダンな活弁映画を楽しもうじゃないか。少しでも電気の消費を減らし、あくせくした日常から離れて、すろ～な時間と空間を楽しもう――。

そんなスローガンのもと、ハッタさんが始めてくださった「すろ～しねまプロジェクト」は、その後移転した「外苑前ガボウル」、「トージバ銭湯カフェ」、ニッポン放送イマジンスタジオの「ファンタスティックシアター」、小津安二郎ゆかりの宿「茅ヶ崎館」、そして「大手町カフェ」と、さまざまな場所を拠点に、多くの人を巻き込んで展開していきました。

しかも、いつも弁士とミュージシャンと映画社で入場収入を分けてくださり、ほとんど無償で尽力くださっていたのではと思います。初期のガボウル公演は、観客が数人ということもありました。だれもやめようと言わずに続けてくださったこと、本当にありがたく、感謝しきれません。「活弁」の面白さを広めたいと協力し尽力してくれた方々がいたからこそ、わたしは活弁を続けてこられました。まだ恩返しができていないことを自覚し、申し訳なく思いながら、これから先必ずと誓っています。

【Column】

現代人も惚れるロイドの『巨人征服』カフェ上映

2003年6月に渋谷のカフェ・ガボウル（gabowl）で上演した『猛進ロイド』（Girl Shy、1924年）は頗る好評だった。その後も「またロイド映画の活弁をぜひ」というリクエストがあり、翌年1月『巨人征服』（Why Worry ?、1923年）を上演した。音楽は前回と同じmetorotrip（メトロトリップ）。『猛進ロイド』の際も5人編成で、ポップでとても〝ロイドらしい〟ステキな音楽をつけてくれた。

ハロルド・ロイドはチャップリン、キートンと並ぶ三大喜劇王。何度かロイド映画を活弁上演したが、初めてロイドを観た人たち、高校生までが「すてき！」「また見たい」という声を寄せ、改めて、ロイドの明るい笑いはいまの時代の日本人にも魅力的だと感心した。

『巨人征服』は『要心無用』（1923年）に次ぐロイド主演のヒット作。ロイド扮する青年富豪ハロルド・ヴァン・ペラムは、自分が病気で身体が弱いと信じ込み、何かというと薬を飲む情けない男。看護婦（ジョビナ・ラルストン）と従者を連れ南米の孤島パラディソ共和国へ静養に。ところがアメリカ人ジム・ブレイクの悪策で革命戦争の真っ最中。ハロルドは政府軍密使と間違えられ、ブレイクの反政府軍に捕えられてしまう。監獄に通されたハロルドが一緒になった囚人が2m65cm、227kgの大男、コロッソ。

あっけなくで脱獄した後、歯痛に泣くコロッソは、歯を抜いてくれたハロルドの忠実な家来となる。密使と思い込んだ敵が押し寄せるが、百人力のコロッソと勇敢に戦うハロルド。敵は退散、ヒロイン看護婦も救い出し、自分の恋心とたくましさを自覚したハロルドは、彼女と新しい人生を生き始める。

なんといってもコロッソ役の巨人がいい。本名ジョン・アーサン、ノルウェー出身（ミネソタ出身説も）。ロイドは、この作品のために巨人を探し回り、ノースダコタの荒野で見つけたということだが、とても愛らしい、いいキャラクターで、彼を見出せたことに大拍手！まさにロイドの「巨人征服！」巨人を家来に敵を次々になぎ倒すロイドの活躍ぶりがまた痛快。ヒロイン役のジョビナ・ラルストンは、前作までのヒロイン、ミルドレッド・ディビスがロイドと結婚したため、この作品から1927年まで6本で恋人役を務める。

2003年2月から月1回でスタートしたカフェgabowlでのライブは2年続いた。毎回さまざまなミュージシャンにオリジナルで生演奏をつけてもらい、活弁ライブを楽しんでもらった。20代30代のお客さんが無声映画と活弁を「新しい」感覚で楽しんでくれるのをとてもうれしく思った。あちこちで活弁ライブはずっと続けていくつもりだ。

■2■活弁修業

台本が面白くないといけない

わたし自身の活弁修行がどんなものだったか、お話ししましょう。

「東京キネマ倶楽部」が閉鎖して、よちよち歩きを始めた新米弁士には、「活動弁士」を続けていくという覚悟だけはあったものの、まだまだ未熟で、技術、話芸が身についていたわけではありません。まず第一に、活動弁士は、台本を書かねばならず、その台本が面白くなければ、「活弁」も、「作品」そのものも楽しんではもらえません。だいたい、どう書いたら面白くなるのか、さっぱりわかりません。書いては消し、書いては消し、最初の長編作品は一カ月もかかったことを覚えています。

最初にマツダ映画社の松戸専務に教わったのは、「ト書きはいらないんですよ。戸を開けた映像に『戸を開けました』って言われてもね、お客さんも、見りゃわかるよって思うでしょ」「弁士は、声優とは違う。セリフを入れるだけではなく、ストーリー全体を語る人なんです。どれだけその作品世界を語りでまとめあげられるか。流れやバランスが大事なんです」ということです。見てわかることをくどくど言われても、邪魔なだけ。でも、語りもセリフもどうしてもありきたりになってしまう。

そんなとき、渋谷のガボウルでご覧くださったサブカルチャー評論家・コラムニストの唐沢俊一さんが、わたしにかけてくださった言葉。「ぼくは松田春翠さんの活弁もけっこう聞いていたんです。お客の反応を見ながらアドリブを入れて笑わせたりうまかったですよね。今日は孫弟子さんの活弁が聞けて感慨深いけど、ちょっと台本がまじめすぎるかな。無声映画って、すごく懐の深いものだから。もっと思い切って遊んでいいんじゃないかな」。これがしばらく、わたしのお腹の中に消化されないまま残りました。

遊ぶって、どう遊んでいいの？　監督の意図や作品を壊さない？　ぜんぜん筋と違うギャグを突っ込んでもいいの？　公演を重ねるうちに、少しずつ、ナレーションを入れるタイミングやコツもつかめるようになり、ギャグやツッコミ、主観を入れたりもできるようになりました。「習うより慣れろ」「お客に学べ」と言われたとおり、お客さまの反応で「あ、これは受け入れられるのね」「これは白けるのね」と、台本の作り方をなんとなく肌でつかんできた気がします。

男の声がほしい

わたしの活弁では男性の登場人物たちが男の声に聞こえない――。これは活弁を始めてしばらくの大きな悩みでした。男の声を出そうと喉を絞めてしまい、聞き苦しい稚拙な声になる。あっという間に喉が枯れる。そんな状態ですから、二〇〇二年の阪東妻三郎生誕百年記念「阪妻映画祭」以降、時代劇をなかなか口演させてもらえませんでした。渋谷ガボウルで久しぶりに挑戦させてもら

『剣聖　荒木又右衛門』1935年、仁科熊彦監督。赤穂浪士、曾我兄弟の仇討とともに〝天下三大仇討〟の大乱闘と言われる痛快チャンバラ映画。羅門光三郎演じる荒木又右衛門の36人斬りの大乱闘は見応えあり

った仇討もの『剣聖　荒木又右衛門』では、四四分しかない作品なのに、リハーサルで力みすぎて、本番は喉がつぶれてほとんど声が出ないという失態。なんとか野太い男性の声を出せるようになりたいと、わたしはヴォイストレーニングに励みました。一日に二時間三時間と、唸るような声で祈り続けた時期もありました。

女性の講談師さん、浪曲師さんからもよく聞く話ですが、最初のうちは同じ作品を徹底的に大声で語り込み、何度も声を枯らして、つぶして……を繰り返す、そのうちに細い声も太くなっていくもんだ、と教わり、事実、語りの調子とともに自然と渋みや凄味のある声になっているようです。

さらに、「禍転じて福となす」で、風邪をひいたらしめたもの。思いっきり咳込んで、気管支を広げ、出せる音域を掘り下げました。咳き込みすぎて、肋骨にひびが入ったこともありました（笑）。痛くてたまりませんでしたが、そのうち治るだろうと思っていたら一カ月ほどで治まりました。そんなことを繰り返し、だんだんと太く低い声が出るようになると、演じ分けにも幅が出てきます。「声、変わったね」と言われるようになりました。

アナウンサー口調の時代劇？

東京キネマ倶楽部で活弁をスタートしたころ、まず最初に悩んだのが台本、そして次に「アナウンサー口調」でした。ベテランの上手なアナウンサーは、変幻自在で幅広い語り口調ができますから、こういう言い方は失礼ですが、わたしの場合はたった三年間の、たいしてうまくもないニュースやナレーション原稿の読み方が抜けず、「これで時代劇はちょっと」という状態でした。時代劇は好きなのです。語りたいのに語れないのは、悔しい。「男の声がでない」のと同じ悲しさです。

——それまで身近でなかっただけだ。身近な、耳馴染みのものになればいいんだ——。

澤登先生や松田春翠先生の活弁テープ、講談や落語の語りを聞き、本を読み、口調を真似することで、リズムをつかんでいきました。力むのではなく、身体ごと、五七調の、日本語の、縦乗りのリズムに乗ることで、多少の節も含め、調子を取るのが楽しくなりました。横乗り、縦乗り、と勝手につけていますが、自分ができなかった分、人に教えるときに使えて便利です。

字幕が頼りなのに——言語の壁

活弁を始めて二年目の二〇〇二年十月、澤登先生の前座で、無声映画鑑賞会に出演していたころのことです。鑑賞会で一時間近い大作、しかもイタリア映画の『復讐の紅薔薇』（『La Nave』封切

『復讐の紅薔薇』出演：イダ・ルビンシュタイン、アルフレード・ボッコリーニ。6世紀半ばの水の都ヴェネチア。陰謀によって一家を陥落させられてしまった美女が復讐を誓い、権力に立ち向かう。イダはバレエリュスのバレエダンサー

時邦題『シップ』一九二〇年、ガブリエッリーノ・ダヌンツィオ監督）を担当することになりました。六世紀半ばのヴェネチアを舞台に執政官と敵対する名家の権力争いを描いた作品で、字幕がイタリア語のフィルムです。VHSビデオテープと簡単な資料を渡されましたが、その字幕が読めません。いただいた翻訳は、作品を観ずに訳したのか、ちょっとだけイタリア語をかじった方のものなのか、さっぱり話がわかりません。国会図書館へ行っても、原作本は和訳されていませんでした。いまならグーグル翻訳などで、「イタリア語→日本語」というそれなりに便利なツールがありますが、当時はイタリア語の辞書を買い、一つひとつ単語を訳し、文法や単語の変化に四苦八苦しながら一カ月。当時のヴェネチアに関する文献を探し、何度も何度も映像を観て、必死で作品と向き合いました。でも半分以上は想像力の世界。なんとかラストに向かってつじつまが合うように、セリフとストーリーを絞り出しました。この作品は、その後、ほかの方の活弁を聞いたこともありませんし、わたしが上演したのもあの一回きりです。いまのわたしならどんなふうに語るんだろう、と挑戦してみたい気もします。

前説後説がつまらない

「講釈師、見てきたような嘘をつき」なんて言われますが……。公開当時の無声映画も活弁も体験していない弁士とて、さも知ったように活弁のことや作品の背景について語らねばならない、それがこの前説。詰め込んだにわか知識を一生懸命しゃべるわけですが、これが苦痛でならない。なにせ、「活弁好き」「映画好き」「前から無声映画を観てる」お客さまのほうが知っているのですから、なんともテストされているようで気恥ずかしいのです。

それなのに、詰め込んだだけ語ろうとして、気がついたらつまらない前説を二〇分もやってしまって、お客さまがすっかり疲れてしまったこともありました。渋谷ガボウルでの『メトロポリス』（一九二七年、フリッツ・ラング監督）です。マネージャーさんが、客席の後ろで、鬼のような顔をして「巻いて！　巻いて！」と大きく手を回し続けているのに、へたな説明が止まらない。作品解説も、立川志の輔師匠の『牡丹灯籠』や『忠臣蔵』のようにしっかり練られた構成と磨き上げられた話術があると、一時間語っても「もっと聞かせて！」になるのですが、悲しいかな、そんな技量はありません。終演後、マネージャーさんに「お前、前説やめろ」と言われて、前説なしでいきなり上映をした時期もありました。無声映画時代の名弁士徳川夢声さんは、それまでの大仰な前説を排し、暗がりの中すぐに上映を始めるというスタイルで「さすがスマート！　一流弁士！」と言われたようですが、できる人があえてやらないのとではだいぶ違う、情けない前説の省略でした。

口パクに合わせる

活弁を始めて数年経ったころ、応援してくださっている高校の大先輩から、

「うまくなったなと思うけど、気になるのが一点、役者の口とセリフが多少ずれるところだな」

と指摘されました。『タイムボカン』シリーズなどのアニメーションで長年録音ディレクター、音響監督をされた方で、そのころは声優養成所の講師を務めていました。

「昔の弁士は、役者の口と、弁士のセリフがかなりずれていても、そういうものだったから気にならなかっただろうけど、いまは、アニメーションや洋画の吹替えをかなり観ている観客が対象。ずれると、気になる。これを合わせるのは、ちょっとしたコツで、ピタリとはまると、よりその人物が話しているように感じられるから、そこは頑張ったほうがいいよ」

なるほど、言われてみればそうかもしれません。無声映画当時はもちろんフィルム上映ですから、活動弁士は、おそらく新作封切の前日、小屋がはねてから試写を観て、スジやシーンを頭に入れ、ある程度書き留めて、あとは本番。自分の言葉の引き出しからさまざまなフレーズを繰り出し、アドリブたっぷりにお客さまを魅了する。詳細にセリフをあてるより、そのシーンや人物の心情をまとめて説明する語りが多くなるのは当然で、顔がアップになった肝心のシーンですら、最初からぴ

ったり役者の動く口と合わせるのは難しいことでした。「最初の舞台はリハーサル」などと言われたくらいで、だんだんと回を重ねるごとに、シーンの説明やセリフが細かくなり、うまく語れるようになっていきます。映像素材を先にいただいて台本を詳細に作り込める現在とは、状況がまったく違ったわけです。また、当時の観客も、「講談や浪曲のような朗々とした語り」で進められる活弁に慣れていました。

以前、テレビ番組で「おおざっぱに動いているアニメの人物の口から長い複雑なセリフが出ているように思えるのはなぜか」「視覚が聴覚に引っ張られるから。多少のズレや違いは、観ている人の脳が、声に合わせて勝手に修正している」と説明しており、なるほどと思いました。しかし昔と違い、現在の観客は「編集されたタイミングの寸分違わぬ吹替え」に慣れています。大幅なズレには昔の観客より違和感を感じるようになっているでしょう。アドバイスをくれた大先輩も、「セリフのタイミングがズレているだけで、作品に入ってもらえなかったり、技術がないと思われるのは損です。しゃべり始めの最初と最後だけ合っていれば、ぴったりに聞こえますから」とおっしゃっていました。そんなことがあってから、セリフを入れる際は、吹替えほど厳密ではありませんが、できるだけ合わせるようにしています。

突発！　ハプニング対応に冷や汗

映画『カツベン！』でも、フィルムが燃えてそれがスクリーンにじわじわと広がって映し出される様子が挿入されていますが、実際、戦前の可燃性フィルムでは、上映中にフィルムがひっかかったりして一コマに強い光が当たり続けて、発火してしまうことはよくあったようです。現在は不燃性で私はそうした経験はありませんが、フィルムが切れたり、スクリーンの上半分に下半身、下半分に上半身が映るほどコマがずれたりしたことはありました。そういうときは、いったんフィルムを止め修正しなくてはなりません。復活までの間、しゃべってつなぐのが弁士。長いときは修復に二〇分もかかり、もうこのままダメか、どう終わらせるかと冷や汗をかきながら、必死に作品のこと、俳優のこと、監督のこと、弁士のことなどを話し、場をつないだ記憶があります。DVD上映が多くなると、フィルムのように切れることはなくなりましたが、再生デッキとの相性で、映像が止まってしまうというアクシデントが出てきました。本番中、スムーズに映らず、コマ送りのようにカクカクしたり、途中で「読み込みません」とブルー画面になってしまったことも。それこそ「私のほうが真っ青」です。

臨機応変に、アクシデント対応をする能力も場数？　あまりあってはならないことですが、常に対応できるように、ネタはたくさん仕込んでおかねばと思うようになりました。

「カツベン？＝トンカツ弁当？」

「活弁」を生業にしたい、多くの人に「活弁」を観に来てほしい、そう思ったときの大きな壁は、「活弁」という芸能があまりに知られていないということでした。「カツベン？　とんかつ弁当？」などとよく言われたものです。「ああ、べベンベンベンね」と扇子を叩く真似をする方も多く、「それは講談です」と何度言ったかしれません。いまもときどきありますが。いまでこそ「活弁」「活動弁士」というと、ほとんどの方から「え？　無声映画の？」と返ってくるようになりましたが、始めた当初は「なにそれ？」という方が圧倒的でした。

東京には娯楽があふれています。そんななか、まったく知名度のない活動弁士が、知名度の低い「活弁」に足を運んでもらうことの難しさを痛感することが多々ありました。自主上映会を毎月二回三回と開催させていただいているものの、新しいお客さまの開拓は四苦八苦。だいたいそういうことが苦手なのに、友人たちに声をかけ、メールや手紙を送って、案内するのはストレスでした。台本を作ったり、稽古をしたり、企画を考えるのはどれも楽しい作業、ある意味、この広報が一番の苦行です。ＳＮＳなど、利用の仕方で拡散するのかもしれませんが、いまも正直そこになかなか労力がさけません。でも、活弁の面白さを一人でも多くの人に語り、まずは足を運んでもらう。これも修行。昨今では、多くの活動弁士たちの長年の積み重ねや努力、声優さんたちのサイレント映画に声をあてるという試み、ＴＶドラマなどで触れられる機会もあって、「活弁」の認知度自体はかなり上がっている気がします。今回、周防正行監督の映画『カツベン！』で、「活弁」を知ったという方も多いのではないでしょうか。

■3■無声映画と活弁の時代

映画の始まり　無声映画の時代

ここでは、少し、無声映画の歴史について、お話しします。

映画の発明についてはいろいろと説がありますが、「映画」を「スクリーンに投影される動く映像」と定義したとき、その映画の始まりについては、一八九五（明治二八）年一二月二八日、フランスのリュミエール兄弟が「シネマトグラフ」という名の機械を使いパリのグラン・カフェで初めて上映興業を行った日とされているようです。動く対象物を連写し、それを連続して見せることで、写真の対象物が動いて見える。これはパラパラ漫画や、一コマ一コマの絵を動かしていくアニメーションと同じですが、この原理にもとづいて、写真が発明されて以来多くの発明家が「動く写真」の実現に汗を流してきました。

アメリカでは発明王トーマス・エジソン、ジェンキンスとアルマート、イギリスではウィリアム・ポール、ドイツのスクラダノフスキー兄弟、イタリアではアルベリーニらが、一八九〇〜五年前後にそれぞれ「映像」を発明し、元祖争いも起こりました。世界中で同じような研究がなされ、同時多発的に「動く写真」の技術が開発されていった時代だったのです。

また現在では、世界最初のモーション・ピクチャーは、一八八八（明治二一）年に作られたフランス人のルイ・ル・プランスによる『ラウンドヘイ・ガーデン・シーン』（Roundhay Garden

『ラウンドヘイ・ガーデン・シーン』

Scene）というたった二秒の作品（二秒でもタイトルがついている）とされています。イギリス在住時にオークウッド・グランジ庭園を歩き回る人々を撮影したもので、彼は一八九〇年九月、列車から謎の失踪をしたため、ニューヨークでの一般公開も中止され、彼の発明者としての貢献は近年まで評価されてこなかったようです。

トーマス・エジソンは、一八九一年に「キネトスコープ」を完成させましたが、覗き穴から一人ずつ箱の中に映る映像を見る仕組みだったため、法律的発明者、作成者にとどまりました。一八九五年には、キネトスコープを改良し、映写式の「ヴァイタスコープ」を完成させますが、人々への公開、「上映」は同じくキネトスコープを改良したリュミエール兄弟の「シネマトグラフ」が先でした。

兄オーギュストと弟ルイのリュミエール兄弟は「シネマトグラフ」の発明者として知られていますが、有能なプロデューサーでもありました。一八九五年、ルイが指揮をとり、南仏のリヨンやラ・シオタなどで数十本の映画を撮影、その年の一二月二八日、パリのグランカフェで世界で初めての有料上映会を開催し、大成功を収めました。一本一本は一分にも満たないような短いものでし

『ラ・シオタ駅への列車の到着』

たが、観客は、リュミエール社の工場から出てくる人々を撮影した世界初の実写映画『工場の出口』や、『ラ・シオタ駅への列車の到着』などを見て驚きます。列車がスクリーンに大写しにされこちらへ向かってくる様子に度胆を抜かれて、思わず声を上げて逃げようとした客もいたといいます。シネマトグラフは、撮影と映写、両方ができる機材でしたから、兄弟は翌一八九六年からシネマトグラフのキャメラマンを採用し、上映興行と撮影を兼ねて世界各国への派遣を開始します。シネマトグラフという機械とともに興行権を高値で売ったり、興行の何割かを支払ってもらうシステムもつくりました。

また、ルイは、才能ある映像作家でもありました。ルイとキャメラマンたちによって製作された映画は一四二二本にも上りますが、実写だけでなく、短いながら演出を加えストーリー性のある映像も撮っています。ドリーショット（移動撮影）やトリック撮影、撮り直しまで行い、映画のさまざまな技法をも発明したと、今日多くの映画人に高く評価されています。

これらにはまだ音がなく、すべてサイレントフィルム、無声映画でした。音が出て当たり前の現在、わざわざ「発声映画」「トーキー」とは言わなくなりましたが、音声トラックが存在しないサイレントフィルムに対し、音声トラックに声や音楽が収録されたフィルムを「トーキー」と言いました。Talk（話す）映画です。一九二七年にアメリカで世界初の長編商業トーキー『ジャズ・シンガー』が発表されるまで、商業的に世界各国で製作・公開されていた映画はすべてがサイレント映画でした。

日本の映画興行

日本に初めて映像が上陸したのは、一八九六（明治二九）年一一月。リュミエールの「シネマトグラフ」ではなく、エジソンの発明した「キネトスコープ」でした。神戸の神湾倶楽部で紹介され、新奇な見せ物として評判を呼びました。

日本の映画興行の始まりは一八九七年二月一五日、大阪南地演舞場で、稲畑勝太郎が「シネマトグラフ」を公開したところからと言われています。稲畑勝太郎は一八六二年に京都の和菓子屋の三男として生まれ、一五歳のとき、京都府派遣の留学生としてフランスのリヨンへ渡り、工業学校で染色技術を学びました。その際同級生だったのがオーギュスト・リュミエール（兄）。稲畑は帰国後、人工染料の輸入商社、稲畑染料店を設立し、工場設計図などの入手を目的に訪れたパリでオーギュストに再会します。発明されたばかりのシネマトグラフに興味を持ち、日本での興業権を得て、この撮影と映写の兼用機を輸入。一八九七（明治三〇）年二月初めに京都四条河原町の京都電燈会社（現在の関西電力）敷地内で試写した後、大阪ミナミの南地演舞場で興行を行いました。

稲畑は、同時に日本で初めての映画撮影も試みます。機材とともに連れ帰ったリュミエール社の若い技師コンスタン・ジレルが、京都で、歌舞伎や保津川下り、稲畑の家族、大阪心斎橋の雑踏などをカメラに収めています。稲畑に続き、エジソンが改良したヴァイタスコープを輸入した新居商会、稲畑の紹介で後をまかされた横田永之助（後の日活の社長）、吉沢商会などが、この映画興行の世界に参入。東京、大阪などの大都市だけでなく、北海道から九州まで、全国各地を大きな映写機材を持参して巡業するようになります。巡業隊は、音楽隊を連れて練り歩くなどして宣伝し各地で歓迎されました。都会ではいつでも見られる芝居も、地方ではほとんど見られなかった時代。映画の登場は、全国の人々に娯楽が提供され、普及する大きな出来事でした。

日本独特の話芸「活弁」

日本に映画が入ってきた当初、映画は「自動写真」その後「自動幻画」などと呼ばれましたが、すぐに「活動写真」という呼び方が定着します。動く写真（motion picture, movies）です。この「活動写真」は音のない無声映画ですから、登場人物のセリフも場面の解説も出ません。当然のように説明者がつくようになり、日本では「活動写真弁士」「活動弁士」「弁士」「活弁」などと呼ばれて定着しました。ヨーロッパやアメリカを始めとする世界各国では、初期のころは映画説明者がいましたが、映像表現が発達するにつれ、ところどころに入る字幕と生演奏だけで見るのが一般的になりました。トーキーになるまでの無声映画時代を通じて、説明者がなくてはならない存在だったのは、日本と、日本の影響下にあった韓国やタイなど一部のアジア諸国だけ。特に、興行や映画制作を左右するほどの影響力をもった存在だったのは日本だけでしょう。「活弁」は、浄瑠璃から琵琶語り、浪曲、講談、落語などの語り物文化の発達していた日本独特の話芸であり、映画文化です。語りと生演奏という耳からの情報とともに「活動写真」を楽しむ。人形浄瑠璃の人形が、歌舞伎の役者が、見世物小屋の見世物が、江戸時代からの幻燈・写し絵が、動く写真「活動写真」に替わっただけともいえます。語りの芸能を楽しむ素地、土壌があったからこそ、生の語りの付いた映画上映を、日本では当たり前のように楽しめたのです。

上田布袋軒

日本で最初の活動弁士は、上田布《ほ》袋軒《たいけん》と言われています。上田は西洋のサーカスや物売りの口上を行っていたチンドン屋で、「紳士ならびに淑女諸君、本日は天気晴朗にして波高き折りから、遠路はるばる、おいといもなく、ようこそのお運び、ここに身不肖ながら上田布袋軒、興業主ならびに従業員ともどもになりかわり、厚くお礼申しあげる次第であります。さて、これよりご清覧に供しますするキネトスコープなるものは……」といった具合に、数十秒しかない映像を観る前に（それもフィルムの最初と最後をつなぎ、同じ場面を何度も見せたようですが）、機械の構造やら撮影方法、発明の苦労などをたっぷり一時間ほども聞かせたと言います。この手法が見事に当たり、活動写真には必ず説明がつくようになりました。

最初「口上言い」とか「口上屋」と呼ばれていた説明者は、「活動写真」という名称が定着すると、一八九九（明治三二）年ごろから「活動弁士」、通称「弁士」と呼ばれるようになりました。略して「活弁」とも呼ばれましたが、これは弁当を連想させることもあり、当事者にはあまり好まれなかったようです。やがて大正半ばころに「活動写真」が「映画」という名称を得ると、関東では「映画説明者」、関西では「映画解説者」とも呼ばれるようになりました。

最初の巡回活動弁士・興業師、駒田好洋

初期の活動弁士として、また興業師として名を挙げた、特筆すべき人物に駒田好洋がいます。一八九七（明治三〇）年、一九歳の駒田は三月に東京で公開されたエジソンの「ヴァイタスコープ」に感銘して、公開した新居商会から「ヴァイタスコープ」を譲り受け、自らが弁士となって巡業を始めます。「日本率先活動大写真会」として、各地の芝居小屋などで、短いアメリカ映画を興行して回りました。「頗《すこぶ》る非常……」が説明に際しての口癖で、「頗る非常大博士」と謳い謳われ、彼の

巡業隊は一大旋風を巻き起こしました。映画館のない時代の「巡回興行」の草分けです。

日本映画の最初の製作・公開にも駒田が関わっています。一八九九（明治三二）年、二二歳の駒田は、小西写真機店（現コニカミノルタ）からムービーカメラ（仏ゴーモン社製）を購入し、小西写真機店の浅野四郎に撮影を発注。東京・芝区の料亭「紅葉館」で三人の芸者の踊りを撮影しました。同年六月二〇日、東京歌舞伎座で公開したこの『芸者の手踊り』と、銀座の三越写真部の柴田常吉による『銀座街』『浅草仲見世』などの実写が「日本初の商業公開用の映画」とされています。同年九月には、実際の拳銃強盗事件を扱った日本初の劇映画『稲妻強盗（ピストル強盗清水常吉）』が公開されますが、これも駒田が柴田常吉とともに製作したものでした。

その後、主要都市から活動写真の常設館が開設されていきますが、地方に開館するまでには何年もかかりました。その間、駒田は、地方の芝居小屋や、仮設テント、庄屋の大広間などで巡回興業を行い、人気を博しました。

常設映画館と弁士の存在

日本で最初の常設の映画館は、一九〇三（明治三六）年一〇月にオープンした東京浅草の「電気館」です。それまでは、その名のとおり、電気仕掛けの機械・器具類やX線などの実験を見せて入場料をとっていた施設でしたが、吉沢商会が改装して、活動写真を専門に興行するようになりまし

『アントニーとクレオパトラ』上映時の電気館（大正３年）
Wikipedia, Public Domain

た。浅草六区の電気館が火点け役となって、興行街では、芝居小屋が映写設備を導入して改築したり、新しい映画館が次々に建てられます。一九九〇年の北清事変（義和団事件）から日本でも戦争記録映画が撮られるようになっていましたが、一九九四年から九五年の日露戦争で実写ブームとなり、さらに発展。旅順陥落やバルチック艦隊との日本海海戦等、日露戦争の大勝利ニュースの公開、再映が映画界に活況をもたらし、浅草はじめ東京の各地で映画常設館の建設が相次ぎました。関西地区の第一号は一九〇七年に大阪にオープンした千日前電気館。活動写真は、日露戦争後の好景気の波に乗ってさらに大衆娯楽としての人気が高まり、神田の新声館、浅草の三友館、大阪の第一文明館など、都市部を中心に続々と開館していきました。

日本の映画製作が舞台演劇の記録・再現や戦争などの実写に留まっていたのに対し、フランス、イタリア、ドイツ、アメリカなど欧米の映画は、編集技術や「映画」そのものの作り方が進化し、日本でのファンも増加。大正時代に入るとすぐに、洋画ファンのメッカ、赤坂葵館や銀座金春館が建ち、洋画の専門館も増えていきました。

一九一四（大正三）年に第一次世界大戦がはじまると、世界の映画勢力図が大きく変わります。

外国映画の輸入が困難になった日本では、国産映画の生産が盛んになりました。それまで世界を牽引していたヨーロッパ映画が下火になって、アメリカ映画が台頭します。世界中から移民が大量に流れ込んだアメリカでは、言葉がわからなくても楽しめる短編の喜劇、活劇が急速に普及し、量産されました。スピードとスリル、笑い、躍動感で瞬く間に世界に販路を拡大。冒険活劇、連続活劇に、スラップスティックコメディのブームです。チャップリン、キートン、ロイドなどの天才的喜劇役者が次々登場し、世界中で、日本でも大人気となりました。

映画館は、一九二三（大正一二）年には東京で一〇二館、全国で七〇〇館を数えます。それぞれの映画館に特色もでていました。同年の関東大震災で多くが消失するものの、復興は早く、たちまち消失前の館数を上回る映画館ができます。この復興にも、「活動写真」が人々に笑いや活力、希望を与え大きな役割を果たしたと言いますが、その後も映画館増設の勢いは加速し、一九二九（昭和四）年には東京で二〇八館、全国で一三三四館を数えるほどになりました。この映画常設館で、客の入りを左右する大きな存在となったのが「活動弁士」です。

ただ、一つの作品を一人の弁士がすべて語るのが、無声映画時代を通じて当たり前だったわけではありません。多くの国の映画もそうですが、日本の劇映画も、最初は歌舞伎や舞台劇をそのままフィックス（固定カメラ）で撮影したものでした。多くの登場人物が動くのを客席中央に据えたカメラから撮影し、それがスクリーンに映される。こうした初期のころの映画には、スクリーンの横に何人もの弁士が並び、登場人物たちの役を分担して歌舞伎台本のセリフを読み上げました。「声色弁士」「声色かけあい説明」です。現在の声優の始まりといえるでしょうか。弁士の数が足りなければ、一人の弁士が複数の役を担当しました。

若手映画関係者や映画ファンの間から、「日本でも、舞台演劇の記録・再現ではなく、カメラワークと編集の力によって、画面を見ているだけでストーリーが理解できるような〝映画〟を作ろう」という、日本映画の革新運動が起こり、日本映画も変わっていきます。帰山教正《かえりやまのりまさ》が中心となった純映画劇運動が一九一八〜一九一九年。弁士は免許制となり、それまで歌舞伎同様女形が演じていた女性役に、女優が起用されました。それまでなかったセリフの字幕（スポークンタイトル）や、筋の簡単な説明字幕（サブタイトル）が入るようになり、話している人物もクローズアップで示されるようになると、弁士がいなくても理解できる作品がつくられるようになりました。

声色弁士や弁士たちの排斥運動も起こり、抵抗勢力と反目した時期もありました。自身も映画産業に携わり、映画の発展に尽力していた作家谷崎潤一郎は、費用のかさむ声色弁士はやめ、一人の弁士だけを残すよう提言。革新派の若い映画人たちも、何人もの声色かけあいではなく、せめて一人の弁士が説明することで妥協し、声色弁士は一九二〇（大正九）年ころまでに徐々に姿を消しました。同時に日本映画の演出、編集、字幕の技術が発達していきました。

中央の映画館は、洋画の専門館、邦画現代劇、時代劇とそれぞれのジャンルに分かれ、各映画館の座付き弁士が腕（語り）を競い合いました。映画館のプログラムは、ニュース映画や短編がある場合は、たいてい最初に短いニュース映画、漫画映画や短編喜劇が上映され、長編の本命映画上映というスタイルになりました。

長編映画を一人で初めから最後まで語る、それだけならまだしも、一日三回、四回上映ともなるとたいへんです。一本の長編作品を二、三人の弁士が途中で交替して説明するようになります。実力と人気のある弁士が一番要のところを担当しました。

常設館の増加とともに、輸入作品も日本映画も増え、弁士も増えていきました。都市部では、同じ映画がいくつかの映画館で上映されますから、当然、客が入るか否かは、弁士の力量にかかってきます。同じ作品も、弁士の語りによって、ぜんぜん印象が変わります。客は自分の好みの弁士のところへ押しかけ、映画館の弁士引き抜き合戦も、勢い加熱しました。

職業弁士は、おおむね最初は、前座のニュースや漫画などの短編から始まりました。次第にメインの作品を語れるようになり、主任弁士ともなるとクライマックスシーンが語れるといった具合で、人気が出ればどんどん給料も上がりますし、次の映画館にヘッドハンティングされることに、給料もよくなりました。当時は人気弁士の番付表などというものもあり、トップクラスの人気弁士は、有名スター俳優や時の首相ほどの月俸をもらっていたと言います。その影響力は、映画製作の場にも及びます。日本の大手の映画製作会社には専属の弁士部もありました。人気弁士は製作前の映画台本を見て、カットバックなど場面の素早い切り替えを減らせとか、自分が謳いあげるためのシーンをつくれとか、注文をつけ、台本を書き直させることもあったそうです。

弁士はとにかく人気の花形職業でした。映画の宣伝も役者以上に弁士。映画館の入口と上映中の館内に弁士の名前が大きく掲示されていました。ほとんどが男性弁士でしたが、人気弁士の服装は流行スタイルにもなり、お金も女も寄ってくる。時々起こる弁士不要論なんのその。大衆はあくまでも弁士たちの語りに酔い、語りとともに「活動写真」を楽しむことを支持していました。

映画館はにぎやかでした。弁士が出てくると「よっ！　待ってました！」と喝さいが飛び、始まれば大声で笑ったり、泣いたり、「ああ！　危ない！」と叫んだり、スクリーンに向かって「よくやった！」と声をかけたり。時代劇の主役、人気役者が登場すると、ここでも「待ってました！」の掛け声や拍手が出るなど。下手な弁士だと野次がとんだり、座布団がとんだり。幕間には、おせんとキャラメルなどの売り子が歩き、上映中にせんべいの音が「バリバリ……」なんてこともしょっちゅうでした。

無声映画には、弁士の他に楽士もつきました。楽器はいろいろでしたが、それなりの映画館だと、たいてい「ジンタ」と呼ばれる和洋合奏でした。バイオリン、トランペット、クラリネットなどの西洋楽器と、三味線、太鼓、鼓などの和楽器で構成された日本独特の楽団です。映画上映の休憩時間には、楽団がクラシック音楽の生演奏を行ったり。当時、映画館は、西洋音楽の演奏などに親しめる一番の場所でもあったのです。

一世を風靡した当時の弁士たち

活弁華やかなりし時代、活動弁士たちは群雄割拠。キラ星のごときスターがたくさん生まれました。特に全盛時代の浅草には、土屋松涛、熊岡天堂、谷天嶺、生駒雷遊、国井紫香、梅村紫声、加藤柳美ら実力、人気のある弁士が集められ、常に一〇〇人以上の弁士がいたと言います。

初期の弁士のなかでも、活弁を芸術の域に高めたと言われるのが、浅草電気館の弁士、染井三郎（不明〜一九六〇年）です。浅草で見世物小屋の説明係をしていた染井は、一九〇六（明治三九）年から活動写真常設館「電気館」に専属弁士として雇われ定着します。染井の活弁は、それまでのように簡単な作品紹介や映画のあらすじを語る補足的説明にとどまらず、登場人物の声色を変え、ていねいにセリフをつけ、性格ごとに演じ分けて、観客を作品の中に引き込んだと言います。また、その語りは、淡々として教養を感じさせる格調高いものでした。ことに一九一四（大正三）年三月封切りのイタリア映画『アントニーとクレオパトラ』（一九一三年）は、以下の染井の語りで空前の大ヒットとなりました。

「……思えば、昔日の槿花《きんか》一朝の幻に均しく、栄枯盛衰と興亡常なきは世の慣わしとはいえ、観じ来れば往事は茫々として夢のごとく、国滅びて山河があり、星移りもの変わり、春風秋雨ここに二千歳、いまなお渡る旅人の話頭《わとう》にのぼる物語、アントニー・エンド・クレオパトラの一篇はこの場面をもって、大団円であります」

後世に語り継がれる弁士たちの名文句は他にもたくさんあります（文献によって多少語彙が違ったりはしますが）。

林天風の『南方の判事』（一九一七年、米、リン・F・レイノルズ監督）

「朧々《ろうろう》たる宵闇に、千村万落春たけて、紫紺の空には星乱れ、緑の野には花吹雪……春や春、春南方のローマンス」

林天風の名文句を引継いだ生駒雷遊（一八九五〜一九六四年）の『南方の判事』

「一刻千金の春の夜や降り仰げば、星月夜の空あざやかに、いまを盛りに咲き誇る桃花の梢を白く残して夜は更ける。春や春、春南方のローマンス、『南方の判事』全巻の終わりであります」

生駒雷遊は、日活の活動写真弁士養成所で弁士の技術を学び、一九一三（大正二）年にデビュー。浅草の帝国館で公開された『南方の判事』を始めとするブルーバード映画（ブルーバード社のロマンティックな青春映画）がヒットして、二二歳にして同館の主任弁士に、その後浅草・千代田館の専属となりました。徳川夢声が山の手のインテリ層に人気を誇ったのに対して、雷遊の語りは下町派と呼ばれ、下町の庶民に愛されました。「新宿の夢声か、浅草の雷遊か」と比較され、二人で東京の人気を二分したといいます。

瀧田天籟の『散りゆく花』（一九一九年、米、D・W・グリフィス監督）

「……ああ、百合の精よ、桜花の君よ、星おぼろなる空よ、銀河の流れよ、尊き仏の御像の前、暮れゆく空に鳴り渡る、諸行無常の鐘の音、情けと恋を綴る世にも哀れな物語、『散りゆく花』全巻の終わりであります」

山野一郎の『ジゴマ』（一九一一〜一三年、仏、ヴィクトラン・ジャッセ監督）

「花の都はパリーかロンドンか、月が啼いたかほととぎす」

また、いまや時代劇活弁定番のフレーズともいえる「東山三十六峰静に眠る丑三つ時……」「突如起る剣戟の響き！」は、もともと『尊王』（一九二六年、阪妻プロ、二川文太郎監督、主演：阪東妻三郎）の映画の中に、「東山三十六峰静に眠る丑三つ時、ここ千鳥鳴く加茂川河畔に、突如あたりの静寂を破ってきこゆる剣戟のひびき」という字幕として登場したもので、語呂がいいので、その後名文句として流行ったようです。弁士伍東宏郎のアレンジ「時恰《あたか》も幕末のころ、絃歌《げんか》さんざめく京洛の夜は更けて、下弦の月の光青く、東山三十六峰静かに眠る深き夜の静寂を破って突如起る剣戟の響き」も人気を博しました。

全盛期、一九三〇（昭和五）年〜一九三一年ごろには、全国に八〇〇〇人もの弁士がいたと言います。しかし、発声映画（トーキー）が出現し、輸入され、上映されるようになると、日本もその波に押され、まず楽士が解雇され、弁士も時代の流れには逆らえず、ストライキを起したりしたものの、廃業、転身を余儀なくされました。そのため、弁士から漫談家になった人もおり、牧野周一さん、大辻司郎さんなどが有名です。漫才師、俳優、声優、司会者、興行主になった人もいれば、知名度を生かし、議員になった人もいます。大蔵貢さんは、弁士から映画館興行主、新東宝、大蔵映画の社長になり、映画界の実業家として活躍されました。

不遇だったと思う弁士は、須田貞明。巨匠黒澤明の兄です。子どものころから成績優秀で文学や映画に傾倒し、中学卒業後弁士を志望して山野一郎を訪ねます。新宿武蔵野館で見習いの後、葵館、神楽坂の牛込館、神田シネマパレス、その後浅草と新宿の松竹座をかけもち、一九三〇（昭和五）年より浅草の大勝館へ。その語りは淡々としながらも情感があり、浪漫的だったと言います。一九三二年四月に、トーキー導入による弁士解雇に反対する争議団の委員長に就任し、奮闘。弁士たちの期待に添う結果を得られなかったことに責任と生きづらさを感じ、一九三三年七月一〇日、二七歳で自らの命を絶ちました。この兄の存在と弁士という職業は、黒澤明に多大な影響を与えたと言われています。

稀代の人気弁士徳川夢声

当時の人気弁士といえば、なんといっても徳川夢声《むせい》（一八九四〜一九七一年）です。澤登翠さんの次に、夢声さんに憧れました。すでに、わたしが生まれる少し前に亡くなられていますが、弁士の勉強をし始めるとすぐに、当代一の人気弁士だったことを知り、彼のレコードを聴いたり、著書を読んだりしました。

本名福原駿雄《としお》。島根県石見国益田町で生まれた夢声さんは、小学校時代から話が好きで、寄席に通い、覚えた落語を披露しては同級生たちを喜ばせていました。東京府立第一中学校（現在、都立日比谷高校）に進学しますが、一高（現在、東京大学教養学部）の入学試験に二度失敗。政治家になる夢もついえて、落語家を目指すも父の反対にあい、一九一三（大正二）年、活動弁士となります。芝桜田本町にあった日活第二福宝館で清水霊山に師事し、入門わずか三日目にデビュー。「福原霊川」と名乗りました。一九一四年に秋田の映画館で主任弁士を務め、翌年には新宿で主任弁士、同年秋には洋画専門館として格の高かった赤坂葵館に迎えられます。このとき、支配人が勝手に「葵」から「徳川」という芸名をつけたのに本人は恐縮したといいます。一九一七年、『シヴィリゼーション』（一九一六年、アメリカ、トーマス・H・インス等監督）の説明を機に前説を廃止。これは説明界の一大革命ともいわれ、葵館の主任弁士となり

徳川夢声。Wikipedia, Public Domain

ました。スマートな語りで東京山の手を代表する弁士として絶大な人気を博し、一九二五年からは新宿武蔵野館の主任弁士として、一九三三（昭和八）年の退館に至るまで、同館の黄金時代を築きました。

夢声は、「語りすぎない」弁士だったと言われます。弁士が勝手に解釈して物語を誘導していくことに不満を覚えた「弁士はいらない」と言うインテリ層もいました。でも、そんなインテリの方々にも、厳選した言葉で、あまり仰々しくない落ち着いたトーンで語る、徳川夢声の活弁は受け入れられていたようです。『カリガリ博士』（一九一九年、独、ロベルト・ヴィーネ監督）や『プラーグの大学生』（一九二六年、独、ヘンリック・ガレーン監督）など、シリアスな物語の知的な語りが得意でした。アルコール依存症で、二〇代から酒の失敗を繰り返していたそうで、あるステージでは弁士台には着いたものの眠りこけて一言もしゃべらぬうちに映画が終わってしまった。しかし客席からは「さすが夢声（無声）！」という声が上がったという、有名なエピソードも残しています。

彼は、人間観察に長けた方だったと思います。活弁は、できあがった映画にもっぱら自己を滅して没入する、ある意味では受動的な仕事です。たとえ気に入らない作品も、「こんな映画はくだらん」などとは口にできません。原作のある文芸映画などの場合、作者の気持ち、脚色家の意図、演出家の思惑などすべてを考えたうえで最大公約数をはかり、観客に向かって語りかけます。そういうことを長年仕事にしていると、人が言おうとしていることを聞きとろうとする癖がつくのだと言います。また、何冊も著書がありますが、それを見ると、文章を書くセンス、そして笑いのセンスが非常にあったことがわかります。トーキー映画が当たり前の時代になって、活弁が過去のものになると、漫談、俳優、司会、執筆……と、その声と執筆力を武器にさまざまな仕事をします。インタビュアーとしても活躍し、一九五一年から『週刊朝日』で連載された対談『問答有用』は、四〇〇回にも及びました。

人間にはずば抜けて偉い人、または飛び抜けてばかな者などそういるものではない。尊敬しつくせる人もいなければ、軽蔑しきれる人も存在しない。だから私は一人の人間として誇りを持ちながら無意識のうちにあらゆる相手に好意を抱く修練をしてきた。苦労を重ね、修行を積んでおれば、ちっぽけな憎悪とか反感、嫉妬といった感情が比較的少なくてすむ。すると、自然に相手の長所や美点を認めることができるようになるんです。

『サンデー毎日』昭和三二年一一月二四日号

夢声さんは、それぞれの人の「よさ」を引き出すのが、非常にうまい方だったのでしょう。それは、実は「活弁」のとても大事な要素です。無声映画の聴こえない「声」を聴き、登場人物の気持ちを察し、個性を活かし、彼らの声を代弁していく。活弁による対話の中で、彼らの個性と本質を引き出し、魅力的に紹介していくのです。よく「聞き上手は話し上手」と言いますが、それは無声映画にも通じることで、徳川夢声さんは、抜群の知識や見識と、話芸の多くの引き出しを持ち、温かい人柄で作品を語れる方だったと思います。

またその話芸は、晩年まで高く評価されました。一九三九年九月からＮＨＫラジオで放送された朗読『宮本武蔵』（吉川英治作）は、間のとり方、抑揚、強弱……どれも素晴らしく、いまも語り芸のお手本としている方が大勢います。ＮＨＫの大先輩アナウンサーも、徳川夢声の『宮本武蔵』が朗読の憧れとおっしゃっていました。なかなか到達できない境地ですが、わたしも、学び精進したいものです。

浅草寺にある映画弁士塚

現代の活動弁士

現在活動弁士の数は、全国に一〇数名といったところでしょうか。その活動内容や頻度もさまざまです。活動弁士を生業《なりわい》としながらも、ほかの仕事もかけもっている方、また本業は別にあり、活弁も手がけているという方もいます。

わたしは、新宿の映画館、シネマート新宿で二〇一四年から、毎月定期上演をさせていただいていますが、個々にそうした定期的な公演場所を持つ方もいます。映画祭での公演、地方のホールや公民館での招聘公演や、単発での自主公演などもあります。

そのなかでも、澤登翠先生が毎月出演されるマツダ映画社主催の無声映画鑑賞会が、断トツに歴史のある定期上映会です。一九五九（昭和三四）年七月に松田春翠先生が立ち上げ、国井紫香、牧野周一、梅村紫声、泉天嶺、西村小楽天といった往年の弁士たちも、この上映会でかつての熱弁をふるいました。晩年の徳川夢声氏も出演されています。無声映画時代を彩った往年の俳優さんや監督たちも、亡くなられるまで特別会員として在籍なさっていました。松田春翠先生は、無声映画時代の最後の少年弁士と言われ（父は弁士、初代松田春翠）、戦後娯楽の少なかった時代に、活弁の巡業隊に参加、その後も活弁興行をしながら全国各地でフィルム収集を行い、一九八七年にご逝去されるまで「活弁」の灯を灯し続けてこられました。

わたしも弁士なりたての五年ほど、澤登先生の前座で何度か出演させていただきました。目と耳の肥えたお客さまの前で語ることは、緊張感もあり、とてもありがたい学びの場でした。

近年は、声優さんが何人かで、声色掛け合い説明で上演をする形態も増えてきました。有名な声優さんたちも常とは違うライブパフォーマンスに、アドリブが入ったり。趣向も凝らされています。声優志望の若者たちが詰めかけ、大盛り上がりです。無声映画作品をセリフや語り付きで楽しむ機会は、以前より得やすくなっているのではないでしょうか。

■4■現代「活弁」考——わたしの場合

「活弁」という語り芸

語りにもたくさんの形があります。声を使った表現形態は無限の広がりがあります。アナウンサーのニュース、ナレーション、リポート、ラジオのパーソナリティ、実況中継、落語、講談、浪曲（浪花節）、謡曲、浄瑠璃、琵琶語り、民話語り、紙芝居、声優、朗読、ドラマリーディング、一人芝居、演劇、ミュージカル……。映像がなく、語りだけで世界を想像させるものと、映像があり、その世界を立ちあがらせる語りでは違います。

古典落語や古典の講談、浪曲は、同じ素材を、どう味付けし、いかに語るかが噺家の腕の見せどころ。新作落語、新作講談の場合は一から書き下ろし。まったくの新しいオリジナルな話ですから、台本の面白さも、語り口と同じく、客の満足度を大きく左右します。

活弁の場合は、「無声映画」という素材あっての語りです。台本はそれぞれの弁士が好きに作り、語るのですが、まったくの好き勝手はできません。監督の意図をくみ取り、時代背景を鑑み、人物たちの声を拾いあげます。

活弁華やかなりし大正、昭和初期は、自分の独特の語りに引き寄せる「映像より自分の語りで聞かせる」という弁士もいましたが、いまは「映像を尊重し語りを合わせる」弁士がほとんどだと思います。当時は当たり前だった時代背景や風俗、それがわからないと現象やセリフが理解できないというシーンもよくあります。そこは、講談や落語同様、映画説明者である現代の弁士がさりげなく説明します。そうして書いた台本を、映像に合わせて語るわけですが、講談や落語、朗読と違って、活弁は「自分の間」ではなく、「映画の間」に合わせるということです。自分の間で語っているうちに、映像がどんどん先に行ってしまったりします。映像の中の人物や背景と、呼吸を合わせなくてはなりません。

また、映画には、おそらく落語や講談以上に幅広いジャンル、テイストの作品がありますし、サイレント映画と一口に言っても、制作された時期によってずいぶん違います。ですから、それぞれの作品に応じて語り方が違うほうが自然なのではないかという気がしています。さまざまな声の表現形態から、そのときのその作品、上映に合った語りをつけていくのが「活弁」という話芸かとわたし自身は感じています。

弁士は、お芝居の演者、舞台の役者とも違います。演じつつも、常にその映画を見ているのです。役者は自分のお芝居は見られません。弁士は半分演者であり、半分鑑賞者です。だから、語りも視線も、各登場人物と作品の語り手と、観客としての視点を自在に行き来します。つまり、「その作品を、この空間で、一緒に楽しむ」のです。それが、独特の一体感を生み出すのかもしれません。

語り方と作り方

これはわたしの場合です。作品によってテイストが違いますから、わたしは、その作品世界に一番入りやすい……自分自身が合うと思う語りをつけています。というより、あまり意識していないのが正直なところです。

「活弁」というと、よく「ああ、べベンベン！ ですね」と扇子を叩くそぶりで言われますが、それは講談。わたしは時々効果音のためにハリセン（張扇）を使ったりしますが、基本的に弁士は扇子は使いません。それでも「活弁調」というと、「講談」や「落語」のような語り口調と思っている方が多いのは確かです。そして、確かに無声映画でも、時代劇は講談調が合いますので、そうした日本の語り物の調子、七五調のリズムや言葉を大切にして語ります。

小津安二郎監督や溝口健二監督の「現代劇」と言われる邦画作品は、あまり仰々しくない語りにします。弁士に好き勝手にしてほしくない、という作りになっているからです。これは、どちらかというとセリフに重きが置かれます。

また、洋画もさまざまです。チャップリンやバスター・キートン、ハロルド・ロイドを代表とするスラップスティックコメディ、いわゆるドタバタ喜劇は、スピード感を大切にします。実況中継的な語りや擬音、呻き声なども、早い展開に観客についてきてもらい、一緒に楽しむための装置です。ですから、短編でも、語る量がわりと多かったりします。早口でまくしたてるようにしゃべる短篇作品は、じっくり映像で見せる長編作品と同じ分量の台本だったりします。

逆に、サイレント映画後期の完成度の高い作品たち、映像技術が発達して、観ているだけで、十分映像が語ってくれる作品は、しゃべりすぎず、できるだけ映像に集中してもらえるよう配慮しています。

サイレント映画の発達・進化

サイレント映画は、一八九五年のリュミエール兄弟のシネマトグラフ公開に始まり、欧米のトーキー（発声映画）化に遅れること数年、日本では一九三八年ごろまで製作されていました。アメリカで世界初の長編商業トーキー『ジャズシンガー』が出現したのが一九二七年。それから一、二年のうちにハリウッドはトーキーにとって替わりましたが、約四〇年の間に、サイレント映画はめざましい進化を遂げました。

初期のころ、数分間の短編をつくるのが精いっぱいだった映画は、一巻ものの短編映画増産の時代を経て、七巻、八巻といった長尺、一時間から二時間の長編作品になっていきました。撮影機材やフィルムの物理的な技術革新もさることながら、トリック撮影、映画話法や編集技術の進歩もめざましく、最初は歌舞伎の舞台を一定の距離やアングルでそのまま撮っていただけだった映画が、クローズアップ、カット、フェードイン、フェードアウト、クロスカッティング（モンタージュ）などでイキイキと躍動し、映像だけで観客の心を鷲掴みするものになっていきます。単なる記録や見世物、娯楽としての「モーション・ピクチャー」であることを越え、人間の真実を描き、人生を語り、社会に問いかけ、感動を与える芸術的創造物に昇華されていくのです。

一九二〇代のサイレント映画完成期は、本当に素晴らしい傑作が世界中に生まれました。音がないという制約ゆえに、役者の身体や表情が、カメラワークが、編集が、それを補ってあまりある豊かな表現力を身につけたのでしょう。素晴らしいサイレント映画たちは、役者が饒舌に語りかけてきます。カメラも彼らの感情を的確に捉えます。編集は、時間や空間を自在に操り、彼らの行動に意味を与え、物語を展開させていきます。それは、あたかも、言葉による説明を拒絶しているかのようです。

チャールズ・チャップリン、フリッツ・ラング、エリッヒ・フォン・シュトロハイム、F・W・ムルナウ、エルンスト・ルビッチ、ジョン・フォード、セルゲイ・エイゼンシュテイン、アルフレッド・ヒッチコック、カール・ドライヤー、ルネ・クレール、フランク・ボーゼイギ、クラレンス・ブラウン……。感嘆のため息が出るサイレント作品は数多くあり、尊敬する監督はたくさんいます。彼らは、初期の映画史にかかせないトリック映画の祖ジョルジュ・メリエスや、アメリカの映画の父D・W・グリフィスらの映画技法を吸収し、発展させ、彼らを乗り越えて次世代を築きました。

実際、「トーキーになると、いったん映画は後退した」と言われています。音声を得たことによって、どうしてもセリフで説明するシーンが多くなり、動きが止まってしまったのです。映像の生命線である躍動感が損なわれてしまい、理屈っぽくなったと言えるかもしれません。前出のサイレント映画末期を飾りその後のトーキー時代にも名作を残した巨匠たちも、トーキーへの転換期にはそれぞれに苦労し、自身のトーキー作品の模索、確立に試行錯誤したことでしょう。

役者は役者で、声による表現力が要求され、セリフが下手だったり声が悪かったりして消えていく人が多くいました。サイレントだからこそスピード感が活きて大衆にウケた「スラップスティックコメディ」も、セリフでスピードやリズムを失い、かつコメディ全盛期のスターの年齢による身体能力の衰えも相まって、徐々に衰退していきます。トーキー以降、数本の主演作を作った後は実業家として身を立てたハロルド・ロイドとは逆に、まったく笑わない、しゃべらない、身体を駆使したアクロバットでシュールなギャグを得意としたバスター・キートンは、次第に居場所を失うことになりました。

サイレント映画では、サイレント映画の話法が追及され、高いクオリティで確立されていたのです。

サイレント映画と弁士の語り

そんなわけで、弁士にとっては、ロングショットが多く一度に多くの人物が動いている初期の作品のほうが、たくさん語る余地があります。一見しただけでは、見逃してしまう人物たちの行動や、そのときの状況、伏線を語りによって押さえておけますから、全体のストーリーがわかりやすくなります。アップの多い作品では、その人物のセリフが中心になりますが、引きの映像では状況説明の語りを入れることが多くなります。

たとえば、一九一一年に製作公開され、子どもたちの人気をかっさらい旋風を巻き起こした連続活劇『怪盗ジゴマ』(仏)は、人物が目まぐるしく登場しますが、ゆっくりアップになる瞬間はあまりありません。しかも、早い展開の中、ジゴマも敵も、変装するは潜伏するはで、だれがだれで何をしてどうなっているのか、それはもう手に汗にぎるような「弁士の熱くて筋の通った語り」が頼りです。こうした作品には、煽り立てるような語りと、次々にスクリーンで入れ替わる登場人物を明確にするセリフの語り分けがかかせません。それが活弁の醍醐味でもあります。

日本映画で、たいへんだけれど台本作りが非常に面白かったのは、目玉のまっちゃんこと尾上松之助主演『雷門大火 血染めの纏』(一九一六〈大正五〉年、日活、築山光吉監督)。江戸の華と言われた火消しの話ですが、場面転換を表す簡単な字幕はいくつかあるものの、セリフ字幕はほとんどなく、次々に登場する人物に細かくセリフをつけ、語りを入れて、辻褄を合わせながら物語を動かしていく作業は、まるで古い文献を読み解いていくような、パズルを仕上げていくような面白さがありました。

D・W・グリフィスの作品も、『国民の創生』(一九一五年)、『イントレランス』(一九一六年)、『世界の心』(一九一八年)などは、一九二〇年代半ばから後半のサイレント映画後期のほかの監督の作品群と比べると、アップが少なく、わりと画面上に数人がいるショットが多いのが特徴です。

『怪盗ジゴマ』

しかも、その人物たちすべてが、ただ立っているだけでなく、意味のある行動をとっています。細かいところまでみんながキャラクターを演じていますし、社会背景がわかっていることを前提に作られているので、弁士にとっては出る幕の多い、語りがいのあるサイレント映画です。

活動弁士が人気を博していた大正時代、大衆は「語りで沸かせてくれる」弁士を好んだといいます。谷崎潤一郎ら知的な映画人・文化人たちが、「弁士は勝手に解釈し説明をつける」「必要ない」として弁士排斥運動を起しましたが、あくまでも大衆は、活動写真とともに活動弁士の語りを楽しんでいました。

一九二〇年代半ばから後半、日本では大正の終わりから昭和初期にかけては、どんどん洋画の技術が発達したのは前述のとおりで、そうなってくると、少しずつ、あまり余計に語りすぎない弁士のほうが好まれるようになったのではないかと思います。そんななかで、映像にまかせるところは任せ、浪々と淡々と、間を大事にして語る洋画弁士、徳川夢声が、時代の寵児となったのではないでしょうか。

客層による語り分け

『怪盗ジゴマ』は、わたしも、国立映画アーカイブ（旧国立近代美術館フィルムセンター）の「こども映画館」で、過去二回、語らせていただきました。子どもたちに語るときは、子どもたちがわかる言葉を選び、状況がわかるようにナビゲートし、セリフも、より大げさにします。子どもたちは、活劇やドタバタ喜劇が大好き。とにかくよく笑い、よく驚き、キャーキャー反応して、登場人物たちと一緒に映画の中の物語世界を楽しみます。

二〇〇五（平成一七）年から一四年間、毎年「こども映画館」で「活弁と音楽の世界」と題した上映に出演させていただきました。『怪盗ジゴマ』しかりですが、『ピーターパン』（一九二四年）や、キートン、ロイド作品、各国の短編アニメーションで、子どもたちが毎年大喜びしてくれることが、わたしにとっても大きな喜びでした。

小学校公演もそうですが、子どもたちは、画面が白黒でも一〇〇年前の古い映像でも、語りと音楽に乗ってすぐにその作品世界に入ってきてくれます。特に、初期のチャップリンのようなスラップスティックコメディは、その動きとアクションで、理屈なしに、言葉より先に笑います。「うわ!」「ああ〜」「ううう……」など、もう言葉ですらなくていいのです。感情を声にしてあげるだけで、小さな子どもたちは状況を把握し、見入ります。

子どもには、ちょっと難しい状況や言葉もありますが、映像と同時に言葉を覚えてもらう機会でもあります。そこはやさしい言い変えも添えて、理解してもらえるように工夫します。会場とやり取りできるのもライブである活弁の魅力。会場の子どもたちから「なんですぐ逃げないの〜!」なんてツッコミが入ると「そうだよね〜! さあ、逃げろ〜!」とレスポンス。キャッチボールができることで、さらに子どもたちの反応がよくなります。

ご高齢の方が多かったり、映画好きの方が多い会では、ほんとに一瞬しか出てこない役でも、出てきた瞬間すかさず、「若き日の笠智衆」「右側が後の伴淳三郎」「二十歳のころの田中絹代です」「若干十六歳の山田五十鈴。初々しい」などと紹介を差し込みます。「あら〜かわいい」「まあ!若い」と、だいたい会場がざわっと反応いたします。懐しい時代背景を楽しめるようなナレーションを入れたり、講談調の語りに寄せたり。特に映画好きの方々が多く静かに作品を味わいたい空気のときは、あえて心情や状況を語るようなナレーションをひかえ、客にゆだねるシーンが多くなります。

地方公演では、ご当地の方言や、特産物を織り込んだりします。特産物は事前に調べることができ台本に加えられますが、方言は、現地へ行ってから上映会のスタッフに教えてもらい、その場でセリフを書きかえて耳コピー。にわか作りですが、会場から笑いが起こりスタッフも面白がってくださるとうれしいものです。

わたしは現在、シネマート新宿で月に二日、同じ作品を上演していますが、ここでもその日の客層によって、反応も違い、語りや音楽も変化します。『ロスト・ワールド』（一九二五年、ハリー・O・ホイト監督）『月世界旅行』（一九〇二年、ジョルジュ・メリエス監督）を二本立てで上演した際のこと。初日は日曜の昼。よく笑いよくしゃべるお子さんが客席にいて『月世界旅行』で大笑いすると、「ジョルジュ・メリエス最高！　もっとやって！」とのかけ声。会場中が笑いに包まれ、続く『ロスト・ワールド』もお客さまたちが総じて楽しげに笑ってくださるのでついアドリブが入り、コメディ寄りになりました。が、二日目は平日夜。大人の会で、会場の笑いが少なめだったため、わたしも生演奏の永田雅代さんもどんどんシリアス、迫力の方向へ行き、用意していたツッコミも半分はカットして、危険や恐怖に立ち向かう冒険ものとなりました。両日ご覧くださった方々は、「ぜんぜん印象が違いましたね！　いやあどちらも面白かったし、二度美味しかったです」とおっしゃいましたが、どちらがよかったのか、わかりません。自分自身はどちらも面白かったですし、最終的にお客さまと会場の雰囲気で活弁というエンターテインメントが仕上がるということを、強烈に感じた二日間でした。

弁士は声優の始まり

初期のサイレント映画が、歌舞伎や演劇の舞台をそのままフィックスで撮ったようなものだったことは話しましたが、ずっと人物が何人も同時に映っている映像で一人の弁士が声色を使い分け、セリフを語り分けるのはたいへんなことです。そこで、複数の人間が役を分けて担当し、スクリーンの脇に並んで生で語る「声色かけあい説明」が生まれました。現在の声優の生アテレコのようなものです。

活弁修行のところで、当時の弁士は、いまほど登場人物の口パクにセリフのタイミングを合わせる必要がなかったこと、現在はできるだけセリフのタイミングを合わせるようにしている話をしましたが、声色に関しても同様で、昔よりは声優の吹き替えが耳に馴染んでいる現在は、声色がある程度違うほうが自然に聞ける気がします。ただ、活弁は完全な吹き替えとは違います。あまり声色や演じ分けにこだわってしまうと、一人で声優のマネをしているだけで、観客が置き去りにされている感覚になってしまいかねません。わたしはよく、「何人もの声色を使って」とか「七色の声」と言われますが、つくっている意識はありません。朗読や落語、講談も同じように言われていると思いますが、あまり声色をつくりすぎず、でも登場人物の個性が立って、地の語りとセリフが上手く馴染んで自然と物語に引き込まれていくのが、いい活弁ではないかと思っています。

声と表情の関係

活弁を始めてしばらくすると、お客さまからよく、「語っているときの顔が見たい」と言われるようになりました。「いろいろな登場人物の声を使い分けて、一人がしゃべっていることを忘れてしまっていたけど、どんな顔してしゃべってるの？」と。あまり意識してはいないのですが、おそらく登場人物の表情を真似ているので、大悪漢の顔や与太郎的な脇役の顔は見せられたものではありません。活弁の最中の自分の歪んだ恐ろしい顔の数々をスチール写真で見たときは、目を覆ってしまいました。

しかし。「お客様のご希望には応えるべき」と用意されたのが、弁士台に置く小さなモニター。フィルム上映のときは無理ですが、DVD上映の際には、映像を分岐して目の前のモニターに出すことで、ずっとお客さまのほうを向いて語ることが可能になりました。「佐々木さんの顔も面白かった」と言われることにも慣れました。「一回目は夢中で映像を見て、二回目は語っている表情もちらちら楽しむ」という方もいます。

活弁はライブパフォーマンスなので、よく「映画と芝居の中間だね。新鮮！」と言われます。

『生れてはみたけれど』（一九三二年、小津安二郎監督）のお父さんの吉井さんばりのわたしの百面相も、パフォーマンスの一つとして楽しみたい方にお楽しみいただけるのでしたら、本望です。

作品選定から台本完成まで

映画作品の選定は、クライアントさんに希望がある場合は、それに沿います。観客の対象に合わせて、喜ばれそうな作品を一緒にチョイスすることが多いです。

お子さんが多い場合は、子どもたちが喜ぶ短編作品。ドタバタのスラップスティックコメディは、小さなお子さんたちにもとても喜ばれます。海外の名作を望まれる場合もあれば、高齢者が多く時代劇が好まれる場合もあります。初めての上映会の際には、老若男女が入りやすい小津安二郎作品が比較的選ばれやすい気がします。

選んだら、まずは作品を鑑賞します。観て作品を自分自身が楽しみ、感じ、受け取ることからです。さらに、原作本や作品に役立ちそうな資料を集め、読んだり、ＤＶＤを鑑賞したりします。その監督や役者のほかの作品、同じ原作で後に作られた映画作品、関連すると思われる作品などを見ます。

そして、最初に鑑賞した印象を大事にしながら、まずは字幕を書きます。これが作品の骨子です。邦画であれば、難しい古典的な言い回しもそのまま書き写します。洋画は、翻訳を書いていきます。

何種類かの翻訳が出ている作品は、それらを参考に自分なりの訳にします。それから、登場人物がしゃべっているセリフを入れていきます。前後のセリフや行動とつじつまが合うように、そしてそれぞれのキャラクターが立つように。それからナレーションや、登場人物などの「心の声」を入れます。その際に一度書いたセリフを消してナレーションにする場合もあります。

全体ができてとりあえずざっくり第一稿。だいたいここで、通して音楽の方と合わせ稽古をして、お互いの方向性を確認し、注文をしあって、修正していきます。繰り返しタイミングを計りながら合わせて読んでいくうちに、新たな発見があって修正が加わっていき、第二稿、第三稿、だんだんと細部も躍動していきます。

そして、最後は会場で、お客さまの反応やアドリブが加わって仕上がります。おそらく、同じように準備をしていっても、まったく同じ口演はありません。

例えば、一九二七年の傑作アメリカ映画『第七天国』。第一回のアカデミー賞で、フランク・ボーゼイギが監督賞、ベンジャミン・グレイザーが脚本賞、ジャネット・ゲイナーが女優賞を取った作品です。ジャネット・ゲイナー演ずるディアンヌは、貧民街でアル中の姉に虐げられすべてをあきらめ怯えながら生きているのですが、前向きでタフな青年、下水清掃人のチコ（チャールズ・ファレル）に助けられて、変わっていきます。彼の部屋は古いアパートの最上階七階。といっても、

『第七天国』

通常の階段は六階までで、その先は木であつらえた階段、屋根裏部屋のようなものなのですが、チコはそこを「星に一番近い」「天国」と称しています。その部屋と小道を挟んだ向かいのアパートの部屋には、なんと一枚の木の板が渡してあり、チコはそこを涼しい顔で渡っていくのです。手すりも命綱もない、足を滑らせたらそのまま七階下の道路にまっさかさまの危険な渡し板。そこからチコは、怯えるディアンヌに「おいで」と手をのばし「怖いと思うから怖いんだ」と言います。普通に考えたら渡れやしませんが、ドラマです。その夜は「怖いわ、無理よ」と足がすくんで動けなかったディアンヌですが、彼の部屋に泊めてもらって（ちなみにチコはベランダで寝ました）、ぐっすり眠った次の日、彼女の中に、小さな変化が生じてきます。彼女は、板の渡しをじっと見つめ、決意し、勇気を出して、渡るのです。そのシーン、台本はこうです。

——ディアンヌの中に、小さな愛が芽生え、希望が生まれ、何かが変わっていた。
（怖いと思うから怖いのよ……）
（怖くない……怖くない……）

(ああ！　渡れたわ！)

ディアンヌの心の声というより、顔の表情を言葉にしている感じです。

ディアンヌの決意した顔のアップ（怖いと思うから怖いのよ……）の後に、そこから下を映したワンカット。（怖くない……怖くない……）と自分に言いきかせるように渡りはじめるディアンヌ。

「いや、怖いでしょ。怖いよね」ここで、観客目線のわたしはそうつぶやかずにいられません。

絶対にみなさんもそう思っているというときのツッコミ。たいていのお客さまが、笑うか、頷くかしていらっしゃいます。大事なのは、作品全体の主題や構成をとらえたうえで、そのシーン、ワンカットワンカットが十分役割を果たすようにしていくことでしょうか。登場人物も、セリフを書きすすめるうちに、だんだんキャラクターが際立ってきて、結末に向かって勝手にしゃべり始めます。こうなるとセリフを書いていても語っていても、楽しくてしょうがありません。

筋を左右する核心的なセリフのシーンは無理ですが、何気なくしゃべっているシーンでは、まったく筋とは関係のないセリフを言わせて遊ぶこともあります。これは脚本家兼演出家兼演者である弁士の特権。観客にウケれば「してやったり！」です。こんなふうに台本を自分で書いていることもあり、だいたいのセリフやナレーションが頭に入っていて、あとは映像とタイミングを合わせ稽古をします。

本番は、半分映像を観ながら、かつ半分台本を見ながら語ります。時々客席も（笑）。台本を作ってあっても、お客さまの反応で、削ったり、アドリブを入れたりすることは、よくあります。同じ作品でも、笑いの多いお客さまのときは、勢いアドリブでツッコミが入ったり、あまり茶化してほしくない、しっとりご覧になりたいお客さまで、映像に集中なさっているようなときは、あまり余計なことを言わず、音楽と映像に任せるようにします。

そうはいっても、観る側一人ひとり好みも違うと思いますので、それで満足いただいているかどうかはわかりません。でも、感じるのは、「活弁は、最終的に弁士が語り、観客と一緒に鑑賞するなかで完成するエンターテインメントだ」ということです。それは、一緒に生演奏をしてくれるミュージシャンのみなさんも感じていることのようです。

ミュージシャンとコラボする楽しみ

楽士（ミュージシャン）とのコラボレーションは、わたしにとって大きな楽しみです。なぜなら、弁士の語り同様、楽士の音楽によっても、映画作品の印象が大きく変わるからです。これまで、さまざまな音楽家の方々と共演させていただきましたが、それぞれに違う演奏が作品を色どり、とても面白く感じています。

何人もの音楽家が一つの作品に生演奏をつける場合、作曲、あるいは選曲し各パートの譜面を作る人が必要で、これはたいへんな作業です。映像に合わせて音楽を作っていただき、それを生演奏で楽団とも映像とも合わせていただかなくてはなりません。さらに、弁士の語りも入りますから、そのタイミングも考慮いただく必要があります。

最初のころは、渋谷ガボウルでの活弁シネマライブで毎回違う若手ミュージシャンと共演していましたが、ミュージシャンによって行程はさまざまでした。わたしの活弁台本を手に、一緒に映像を見ながら、「ここからここまでは明るめの軽い音楽」「ここからここまでは無音」「ここで、こんな感じの効果音」「ここから激しく悲しい音楽」などと打ち合わせをして作っていただく場合もあれば、好きに作ってきていただいたものを合わせながら、こちらの要望を言い、手を加えてもらったりもしました。

ピアノ、オルガン、ギター、ベース、フルート、ヴァイオリン、ドラム、パーカッション、琴、琵琶、三味線……と楽器や編成もさまざまで、バンドによっては、ヴォーカルもいて主題歌まで作ってくださったりしました。必ず合わせ稽古を一～二度行い、活弁の語りとのバランスを図ります。語りをしっかり聞かせたいところは、控えめに演奏いただいたり、大きくドラマティックな演奏の箇所は、音楽に任せて語りを控えたり。シーンによって、互いに要望しあいながら作っていきます。

もっともたいへんだったのは、二〇一八年一一月に吹奏楽団ブラス・エクシード・トウキョウと共演した『メトロポリス』でした。調布シネマクラブのみなさまのご尽力で実現した「～活弁と吹奏楽の饗演～」、ブラスバンド総勢約五〇名、わたし含め役者陣五名の共演という壮大な企画です。五〇名の吹奏楽の迫力は想像以上で、会場でボリュームをコントロールし、声と演奏がぶつからないように、両方のいいところが立つようにするのは一苦労でした。台本を削り、できるだけ音楽が大きいところを避けて語りを入れるように修正。

生演奏のほうは、五〇人全員がタイミングを合わせることはもちろん、それを映像のタイミングにも合わせなくてはなりません。音楽は、ベルリン交響楽団がドイツでの『メトロポリス』上演に際し演奏した音楽を元にそれぞれの楽器の譜面を書き起してアレンジしていただいたのですが、『メトロポリス』には世界中にさまざまなバージョンの作品素材が存在するため、まず上映素材に尺を合わせて曲を再構成する必要がありました。また、生演奏では、テンポが少しでも変わると、シーンからこぼれてしまう可能性があり、楽団の代表やアレンジャーと、シーンごとに音楽を再検討して、ところどころに無演奏のゆとりをもたせた構成にしていただきました。本番には、指揮者の隣で、アレンジャーの方がタイムキーパーを務め、Q（キュー）出しをしてタイミングを合わせます。

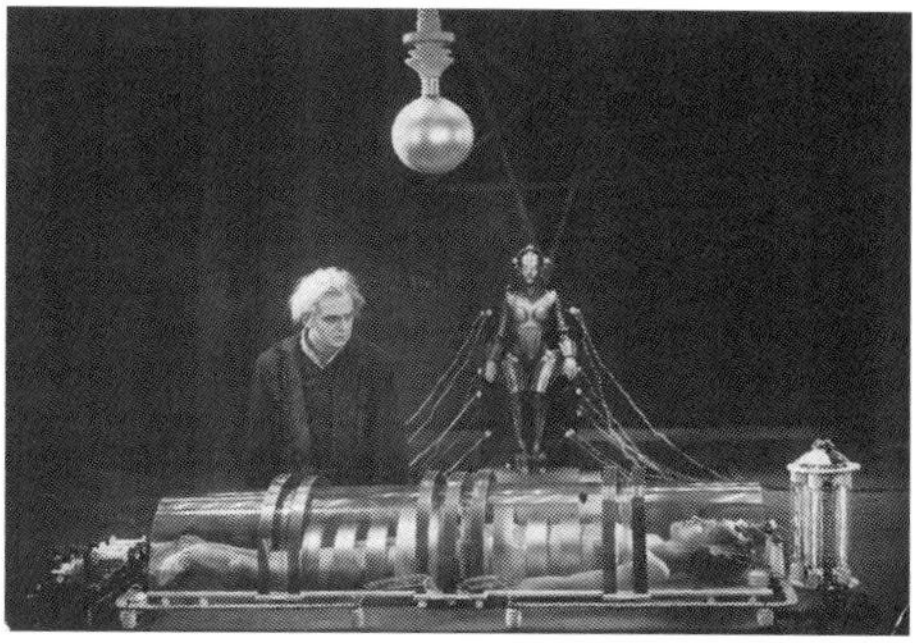

『メトロポリス』

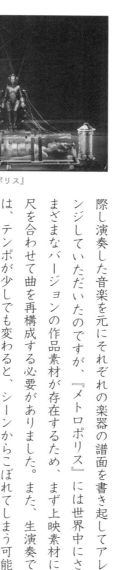

たいへんでしたが、弁士を務めた役者陣も、本番、かなりノリノリで語ってくださって（群衆のガヤ、つまりエキストラが男性四人でものすごい迫力になってました。わたしも負けじと労働者のおばちゃんたちとして参戦）、ブラス・エクシード・トウキョウの演奏も迫力満点で、とても熱いステージとなりました。

クラシックの女性演奏家たちで構成するアンサンブル・アンクラージュは、ピアノ兼音楽監督の小松真理さんの作曲・構成、四人から八人ほどの編成で機動力があり、「クラシカルムービーコンサート」としてここ二年、季節ごとに共演しています。クラシック音楽家の若い女性たちが、ドタバタのコメディ映画に合わせての演奏に新鮮さと楽しさを感じてくださっていることや、それまで「活弁」と無縁だったお客さまたちがその面白さを知って喜んでくださっていることがうれしく、今後、少し大きな編成でできるようになればと考えています。

一番よくご一緒する永田雅代さんは、ピアノかシンセサイザーでの演奏ですが、もう長いこともあり、あうんの呼吸が多く、合わせ稽古は、お互い方向性の確認です。永田さんは語りを聞くことで、わたしは演奏を聞くことで、互いに「ああ、こういう表現にしたいのね」と確認し、持ち帰って本番に向け詰めていきます。永田さんの場合は、ある程度、「このシーンは、この音で、こんなテイスト」と決めて、あとは即興。ジャズセッションや浪曲師と曲師のような感覚が近いかもしれません。映像にも、わたしの語りにも、お客さまの反応や空気感にも対応してくださり、柔軟ですが、わたし同様、その空気に引きずられることが……。

「今日、会場も佐々木さんもノリノリだったね」

「いや〜、永田さんの演奏も」

「楽しかったね〜」

ということもあれば、

「今日、なんか空気重かったね」

「わたしの語りも重かった？」「重かった」

「ごめん。音楽も単調だった」「マジ？　ごめん」

こんなこともあります。こうしたことは、お互い初めて上演する作品に多いです。

『愚かなる妻』（一九二二年、エリッヒ・フォン・シュトロハイム監督）の初上演のときは、終演後の楽屋で珍しくこんなふうに。

永田「もうちょっとしゃべってよ〜！」

佐々木「あれー？　わたしは、ここもうちょっと音楽で盛り上げてよ〜！って思ってたよ」

永田「リハでいろいろツッコミ入れてたじゃん！　今日ぜんぜんないから。一人で放置されてる感じで寂しかったよ〜!!」

佐々木「入れたほうがよかった……かな？　音楽と映像にまかせたほうがいいかと。でも曲ちょっと単調だったかも」

永田「作品がさ、すごく感動！　ってわけでも、悲しい！　っていうわけでもないじゃん。みんな自業自得……的な。ちょっと冷めた、あんな感じになるじゃん」

なんて言い合いに。その日は、共通の知人であるミュージシャンの白崎映美さんが鑑賞に来てくださっており、新宿ゴールデン街へ三人で繰り出したのですが、

「いや〜！　すんばらしっけ〜！　二人の音楽と語りで自然と映画さ入りこんで！　三位一体だけ〜」（庄内弁）

そう言われ、永田さんと苦笑い。翌日二回目の公演は、互いの意見が活かされて、よりドラマティックになったのを覚えています。

『愚かなる妻』

かと思えば、メロドラマの『第七天国』などは、完成度が高い映像作品なので、余計な語りを省き、感動的なシーンは演奏で思い切り盛り上げ、浸っていただきました。音楽が語りを引き立てるシーン、さりげなく寄り添うシーン、語りが音楽を引っ張るシーン、さまざまですが、なんにせよ、自分も演奏者も集中度が高く、お互いの音を心地よく聞きながら作品世界に入り込めていることが、お客さまの満足度につながると思っています。

『トムとジェリー』とスラップスティックコメディの演奏

演奏がどれだけ無声映画の作品世界を語れるか、を考えたときに、浮かぶのが『トムとジェリー』（一九四〇年〜）です。子どものころから大好きなアニメーションでしたが、セリフもなく、オーケストラによる音楽、楽器の音が、すべての効果音と声も担って、あれだけ臨場感のある楽しい作品になっていることに脱帽します。音楽のスコット・ブラッドリーの才能と、型にハマらない斬新なアイデアの数々。ＮＨＫのＥテレ『ららら♪クラシック』でも紹介されていましたが、ベルリン・フィルハーモニー管弦楽団によるコンサートでの『トムとジェリー』楽曲演奏では、みなさん本当に楽しそうに演奏されていて、特に映像モニターを見ながらタイミングを合わせて効果音を出す担当たちは、「おかしさに自分たちも笑いをこらえられない」という顔。もちろん、お客さまの顔も同様で、とても印象的でした。大人のお客さまがほとんどでしたが、みなさん、童心に返ったような、無邪気な笑みを浮かべていました。

わたしの甥っ子や姪っ子も『トムとジェリー』が大好き。ＤＶＤ三枚をあげたら、とにかく繰り返し繰り返し見て、何度観ても笑います。終わると「もう一回」とリピートします。ネコとネズミが毎回、仕かけ合い、追いかけっこをして、ぴよ〜んと伸びたり、ぺしゃんこになったり、ふっとんでいったり、現実にはあり得ない不死身さで、何度でも蘇り、笑いをふりまきます。また、なんだかんだケンカしてても（必死で命を狙ってるんですけど）、どこか仲がよかったり、情にもろかったりするから、大人にも子どもにも愛されるんですよね。

「デフォルメ」は子どもたちにとって、楽しむためのキーワードで、『トムとジェリー』はデフォルメされた動画と音楽があるからあれだけ楽しいのです。無声時代映画のスラップスティックコメディも共通しています。子どもたちが、チャーリーやキートン、ベン・ターピン、ロスコー・アーバックルらの動きに敏感に反応して大笑いするのは、ある意味「デフォルメ」された動きだから。そこに音楽で「デフォルメ」された効果音が入ると、さらにおかしさが倍増するのです。子どもたち向けの活弁上映会で、チャップリンなどの、ドタバタ短編喜劇を上演すると、必ずと言っていいほど「もう一回観たい～！」という声があがります。面白いものは何度でも繰り返し観たいのも、子どもたち（特に幼児～低学年）の習性です。

子どもたちはオノマトペも大好き。【ゴン！】【ブーブー】、【つるんつるん】【キコキコキコキコ……】など、無声映画では、弁士が口頭で効果音をつけたり、オノマトペを活かして語ることもよくあります。

国立映画アーカイブでの「こども映画館」では、永田雅代さんのキーボードがメロディを奏で、小沢あきさんのギターがそれをサポート、さらに一〇を越える鳴りものでさまざまな効果音を作りだしてシーンを盛り上げ、子どもたちを喜ばせました。小太鼓、トライアングル、おもちゃシンバル、おもちゃドラム、鈴、ラッパ、手作りの名前のない楽器まで、毎回作品に合わせて用意し、それらは、休憩時間に子どもたちに触ってもらっていました。これらのチープ楽器の音が、どれだけ子どもたちの笑いを誘ったかしれません。もちろん笑っているのは、子どもだけではありません。同席している大人も（子どもにつられて？）一緒に大笑いしています。永田さんともよく話すのですが、無声映画には、リアルな効果音より、弁士の口頭効果音含め、逆に「ツクリもの」とわかる効果音のほうが合う作品のほうが多いようです。

小唄映画、主題歌、挿入歌

日本で小唄映画、つまり主題歌付きの映画が始まったのは一九二三（大正一二）年。『船頭小唄』（松竹、池田義信監督）が麻布松竹館で公開され大ヒットしました。主題歌「船頭小唄」は野口雨情作詞、中山晋平作曲。この歌の流行とともに、映画も全国で一世を風靡しました。主演は日本最初の映画スター女優栗島すみ子。舟を漕ぎながら歌うシーンでは、映画館のスクリーンの陰で女性弁士が栗島の口にあわせて歌ったといいます。

おれは河原の枯れすすき
同じお前も枯れすすき

どうせ二人はこの世では
花の咲かない枯れすすき

一九二九年（昭和四年）、蓄音機と日本製のレコードが量産されるようになると、またたくまに流行歌のレコードが普及。同時に、レコード会社と映画会社がタイアップして「小唄映画」がたくさん作られ、ブームとなりました。作品中、主演の役者やあるいは歌手が歌うシーンが挿入され、歌詞が字幕で表示されるのですが、無声映画ですから、声は出ません。中央の映画館では、役者本人や歌手本人が来て生で歌うこともありましたが、たいていはそのシーンになると蓄音機でレコードを回して聴かせたと考えられます。ほかにもこんな映画と歌がヒットしました。

主題歌「君恋し」（時雨音羽作詞、佐々紅華作曲）……映画『君恋し』（昭和四年、松竹、島津保次郎監督）
主題歌「波浮の港」（野口雨情作詞、中山晋平作曲）……『波浮の港』（昭和四年、東亜キネマ、根津新監督）
主題歌「東京行進曲」（西條八十作詞、中山晋平作曲）……映画『東京行進曲』（昭和四年、日活、溝口健二監督）
主題歌「沓掛小唄」（長谷川伸作詞、奥山貞吉作曲）……映画『沓掛時次郎』（昭和四年、日活、

辻吉郎監督）
主題歌「明け行く空（湖畔の唄）」（畑耕一作詞、高階哲夫作曲）……映画『明け行く空』（昭和四年、松竹、斎藤寅次郎監督）
主題歌「蒲田行進曲」（堀内敬三作詞、外国曲「ソング・オブ・ヴァガボンズ」）……映画『親父とその子』（昭和四年、松竹、五所平之助監督）
主題歌「三朝小唄」（野口雨情作詞、中山晋平作曲）……映画『三朝小唄』（昭和四年、マキノ・プロダクション、人見吉之助監督）
主題歌「祇園小唄」……映画『祇園小唄』（昭和五年、マキノ御室、金森万象監督）
主題歌「伊豆の踊子」（長田幹彦作詞、中山晋平作曲）……映画『伊豆の踊子』（昭和八年、松竹、五所平之助監督）

どれも主題歌の歌詞が映画の内容と深く関わっていて、その旋律も公開当時の雰囲気を上映会場にもたらします。現在、わたしは、主題歌のある小唄映画の活弁上映の際は、できる限りそれを活かして上映しています。生演奏の場合は、作品の冒頭と、歌詞が挿入されている箇所で主題歌のメロディを演奏いただくようにしています。また、演奏者も主題歌をアレンジした旋律をさまざまなシーンに効果的に生かしてくれています。

弁士としては、歌詞が字幕で挿入されているシーンは、歌詞を謳いあげることもあれば、ナレー

『東京行進曲』菊地寛の原作小説連載中に映画化され、映画主題歌も大ヒット

『祇園小唄』

『伊豆の踊子』

ションを入れてしまうこともあります。また、『明け行く空』や『東京行進曲』などのように、上映前や後に主題歌を歌って再現することもあります。音源の残っていない『明け行く空』は、楽譜を頼りに永田さんと録音してみましたが「実際こんな曲だったのですね」とお客さまに喜ばれました。

小唄映画ではないけれど、登場人物が歌うシーンは無声映画にもよくあります。その人物が歌っているように聞こえなければいけませんが、そのほうが効果的と思う作品では、シーンに合わせて歌詞とメロディを作り、歌ってしまうこともあります。『シーク』（一九二一年、ジョージ・メルフォード監督）のルドルフ・ヴァレンチノ演ずるシークや、『椿姫』（一九二一年、レイ・C・スモールウッド監督）のアラ・ナジモヴァ演ずるマルグリット、『ニーベルンゲンの歌』二部作『クリームヒルトの復讐』（一九二四年、独、フリッツ・ラング監督）のフン族たちが歌うシーンなど。それにしても、わたしが公演直前に「こんな曲にした」と口ずさんでも、それをちゃんと伴奏してくださるのですから、永田雅代楽士、すごいです。

台本は経験や時代でも変わる

活弁台本は、毎回変化します。客層によって変わることは前述しましたが、数年ぶりに手がけると、自分の作品の見方、シーンの読みとり方が変わっていることもしばしばです。人は、経験値や知識によって、共感や理解の幅が変わります。苦い経験も、心躍るうれしい経験も、成功体験、失敗体験、裏切りや挫折、悩み、怒り、憎しみ、悲しみ、たくさんの幸せな体験、それらすべてが、登場人物に共感したり作品を語るうえでの糧となります。人生経験を積むほど、シーンや人物が違って見えたり、違う言葉で語りたくなるようです。

活動弁士の仕事を始めて数年めに、東京芸術大学の特別講座「日本古典映画」を二年間受講しました。講師は、元キネマ旬報編集長の白井佳夫《よしお》先生。そのときに先生が「映画は音楽という芸術によく似ている」といった黒沢明の言葉を紹介してくださいました。自分が何に共鳴し、何に共感できないのか、なぜ好きなのか、なぜ不快なのか。映画を観ることは自分と出会うことなのだ、と。経験や年齢とともに、共感の仕方も変わるものだと、時を経て同じ作品を観ると感じます。

また、時事ネタや流行語なども、「あ、数年前この作品を上演したときはこんな言葉が流行っていたな」と過去の台本を手に笑いがこみあげます。「YES! WE CAN!」「じぇじぇじぇ！」「ごきげんよう、さようなら」など、一斉を風靡した言い回しや、オリンピック金メダルを取った際の荒川静香選手「イナバウアー」、羽生結弦《ゆづる》選手の話題、北島康介選手「超気持ちいい～！」などが過去の台本に散りばめられていて、「ああ、前回やったのは何年前だったな」と懐かしく思います。選挙、トランプ旋風などの政治ネタや、リーマンショック、オレオレ詐欺などの時事ネタもありますし、大阪弁のセリフになっている台本に「前回は大阪のどこどこで公演したな。にわか大阪弁によく笑ってくれたっけな～」と思いだしたり、振り返るとけっこう楽しい公演資料です。

欲張りな変身願望が満たされる

だれにでも変身願望というものがある気がしますし、自分の中に何人もの自分を抱え込んでいるものだと思います。ほとんどの人の場合、普段は常識的な生活の中で身をひそめていますが、何かの際に、それが表出することがあります。日常的に抑圧されていた場合「まさかあの人が？」という事件につながったり、衣装やメイクを思い切り変え、変身することで、人格まで変わったような振る舞いになることもあります。昨今のオーバーヒートする「ハロウィン現象」はその象徴です。変身すれば怖くない。そういうお祭りなら怖くない。という感覚ですね。

わたしは、子どものころから、たくさんの自分が自分の中で居場所を争っていて、どれが本当の自分なのかとまどう感覚や、さまざまな自分を持て余している感覚がありました。小学校時代は自然に日常の中にお芝居があって、いつも何者かを演じて遊んでいましたが、成長とともにそんな時間がなくなり、窮屈になりました。多かれ少なかれ、だれにでも「多重人格」的なところはあると思うのですが、NHK山形をやめて上京し活弁を始めるころまでは特に、自分の足元が不安定だったこともあり、心が分裂していたのではないかと思うくらい、どう自分や他人とつきあっていいのかわからない滅茶苦茶な時期でした。そしてわたしは無類の欲張りでした。あれもやってみたい、これもやってみたい。あれにもなってみたい、これも体験してみたい。どれも中途半端……。さまざまな登場人物をすべて演じられる「活弁」、自分でその台本も書けるという「活弁」が、そんなわたしを救ってくれました。人間としてのわたしのリハビリになりました。

一つの作品を語るときには、作品全体を俯瞰して観るマクロの視点と、そのワンカットワンカット、一瞬一瞬を捉えるミクロの視点が必要です。苦しい自分のことばかりでいまの自分の視点でしか物事を捉えられなかった自分が、すべての人物の立場でセリフを考え、さまざまな視点・角度からものを見られるようになり、生きやすくなったのも、この「活弁」という訓練装置のおかげではないかと思うのです。

ミクロとマクロの視点―チャップリンへの共感

大好きなチャップリンの名言があります。

Life is a tragedy when seen in close-up, but a comedy in long-shot.

人生はクローズアップで見れば悲劇だが、ロングショットで見れば喜劇である。

チャップリンは、一八八九年、ミュージックホールの俳優だった両親の子として、イギリスのロンドンに生まれました。一歳のときに両親が離婚、母はチャップリンが五歳のときに喉をつぶして舞台に上がれなくなり、アルコール依存症の父からの援助は頼むべくもなく、貧困生活を余儀なくされます。母親が精神を病んで施設に収容されたことで、兄と二人、貧民街の孤児院を転々としながら、ストリートで芸をしたり新聞の売り子やガラス職人をしたりと苦難の幼少期を過ごしました。

ある日、孤児院の隣の養豚場から、豚の群れが逃げ出し、貧民街が大騒ぎ。捕まえようと追い回す人間も逃げ回る豚たちも必死なのですが、幼いチャップリンはそれがおかしくて大笑いをします。

悲劇と喜劇はいつも隣合わせ。当人たちにとっては悲劇でも傍から見ている者にとっては喜劇だったり、どんなに辛く苦しい悲劇的な毎日でも、すぐそばに喜劇があることを、彼は子どもながらに知りました。だから彼の作品は、笑いの中にも悲哀があり、悲哀の先にも希望があるのです。

アメリカへ渡って映画の世界に入るやいなや、自身の過去を投影したような「ドタ靴、山高帽、ダブダブのズボン、ステッキ」の浮浪者紳士「チャーリー」が巻き起こすドタバタ喜劇は、大人気になりました。パフォーマーとしての才能が存分に活きました。折しも第一次世界大戦によってヨーロッパはじめ世界中からの移民であふれるアメリカ大陸では、説明なしでしかも安価で楽しめるサイレント映画のスラップスティックコメディが急速に普及し、「チャーリー」は、言葉もわからない貧しい労働者たちにおおいに「笑い」と「希望」を提供することになりました。あっという間に世界最高給の俳優となったチャップリンは、脚本も監督もプロデュースも自らが手がけるようになり、次第に、人間と社会への深い洞察で、ペーソスと人間愛に満ちた偉大な傑作の数々を世に送り出します。

『キッド』『黄金狂時代』『街の灯』『モダンタイムス』（一九三六年）『独裁者』（一九四〇年）『殺人狂時代』（一九四七年）『ライムライト』（一九五二年）『ニューヨークの王様』（一九五七年）……。個々の人間への愛おしさと、うねり歪んでいく社会や時代、イデオロギーへの抵抗。世界中のどれだけの人間が、共感し、笑い、怒り、涙し、優しさや明日への希望や活力を受け取ったかしれません。

いま、苦しくて、引きこもって、無明の闇の中にいて、死を選ぶことを考えているような人にも、違う明日、違う自分と出会う可能性はある。ドラマにはたいてい苦難の壁が用意されているものですが、「ハッピーエンドの前に、悲劇的な苦難のシーンで自分の物語をやめてしまわないで！」と、自殺や鬱や引きこもりのニュースを見るたびに、強く願います。「あのとき悲劇の渦中でじたばたしたことも、いま思えば笑えるわ」と言える「ハッピーエンド」を引き寄せる力が、本来はだれにもあるはず。それを想像し、創造していきたいものです。

上映・上演に至るまで

これは公演によってさまざまです。こちらの自主企画の場合もあれば、団体や個人との共同企画の場合もありますし、映画祭や自治体、学校、民間団体、企業などに招かれて公演することもあります。ネットで知って、メールでお問合せやご依頼をくださる方もありますが、わたしの場合は、一度ご覧くださった方が「うちの地元でも」「うちの映画祭でも」「うちの子どもの小学校で」とお招きくださったり、「知人がやっているイベントで」とご紹介くださったりする例が多いです。

知らない方が多いなか、みなさん、

「〝活弁が何か〟とその面白さや価値をみんなに説明し、説得して、企画を通すのがたいへんです」

とおっしゃいます。

学校公演もしかりです。「子どもたちに見せたい！」と思っていただいても、「先生方も、PTAもだれも観たことがなく、よさが理解してもらえなくて」と嘆く方々もいらっしゃいました。

逆に、強いリーダーシップや熱意で説得し、お招きくださる方々もいらっしゃいます。

わたし一人で、手ぶらで行ってできるわけではないので、ボランティアではうかがえませんが、いずれにしても、興味を持ち、お声かけくださった方々には、できる限りお応えしたいと思って活動しています。

子どもたちの感性は、とても柔軟です。保育園や幼稚園での公演も行っていますが、十分に楽しんでくれます。白黒映像の古さも関係なく、弁士の語りと一緒に当時の映像に湧き、爆笑します。反応豊かにその世界に入ります。CGでいくらでも映像加工のできる時代になりましたが、チャップリンやキートンの体を張ったパフォーマンスに、素直に感激し、尊敬し、そのアイデアに感心します。感受性豊かな時期に一度見ておくと、必ず何かが残ると確信しています。

歴史的建築物とコラボレーション

現代の活動弁士にとっての楽しみの一つに、「場所とのコラボレーション」があります。独特の空気をまとった歴史的建造物での活弁は、それだけで無声映画の世界と時代にトリップできる気がします。これまで、さまざまな会場で活弁をさせていただいてきましたが、会場のもつ力にいつも背中を押されるのです。

映画『カツベン!』の中の映画館「青木館」も、「百年続く由緒正しき芝居小屋」という設定で、そのステージに團十郎が立ったこともあるというのが女将(渡辺えり)の自慢なのですが、そうした小屋のステージに立つと、その歴史の流れの中に立っているのを肌で感じます。

日本最古級の映画館、新潟県上越市(旧高田市)の「高田世界館」では、地元のブラスバンドの方々と共演させていただきました。一九一一(明治四四)年に芝居小屋高田座として開館し、その後常設映画館となったその建物が、老朽化による取り壊しの危機を免れ、街の有志や映画ファンの手によって修繕活動が進められて、現在も映画館として営業しながら保存されています。私がうかがった際には、まだ修繕前で、オーナーの方が「軍の慰労施設を兼ねた小屋だったけれど、戦後、元活動弁士だった父が映画館を託され、経営してきたんです」とお話しくださいました。洋館造りで、建築当時のままの天井装飾、目を閉じると当時の様子が色鮮やかに蘇ってきました。

群馬県みどり市の指定重要文化財になっている「ながめ余興場」では、二〇一六年に浪曲協会会長の富士路子(現、東家三楽)氏と共演させていただき、身震いするような光栄でした。わたしはチャップリンとキートンの短編を、富士さんは「国定忠次」を披露。わたしもお客さまも、赤城山の傍で、国定忠次を堪能しました。あの素晴らしいロケーションと会場で、また多くのお客様と活弁を楽しめたらと思っています。

栃木市での「第九回栃木・蔵の街かど映画祭」では、普段は入れない有形文化財の栃木高校講堂でオープニングセレモニーが行われ、『月世界旅行』を活弁上映させていただきました。栃木は古い蔵がたくさん残り、活用されていて、街全体が文化財のよう。活弁がとてもよく合います。

7章でも紹介していますが、二〇一七年には、『伊豆の踊子』を、川端康成も踊子一行も実際に宿泊したという一八七九（明治一二）年創業の「福田屋」で上演。温泉ライターの友人の企画で、川端文学の講義をしてくれた大学時代の恩師小川敏栄先生も参加してくださいました。風情たっぷり、素敵な宿を全館貸切で、いいお湯につかり、なんとも楽しい一夜でした。

山形県長井市の指定有形文化財小桜館は、一八七八年に建てられた旧郡役所の建物で、カラフルなステンドグラスが印象的な木造洋風建築でした。

日立目白クラブは、東京都選定歴史的建造物。一九二八（昭和三）年に学習院大学の寄宿舎として開設され、皇族や元貴族の子息も生活していました。建築設計は宮内省内匠寮。スパニッシュスタイルのレトロゴージャスな洋館で、随所にアールデコ調の装飾もみられます。ここでの二度の活弁晩餐会は、お客さまにもドレスアップしていらしていただき、とても華やかな社交の場となりました。

そして、一番長いお付き合いになるのが、小津安二郎監督縁の宿「茅ヶ崎館」です。活弁を始めて二、三年の頃だったでしょうか、大学時代のフランス文学コースの友人たちと恩師霧生和夫先生が「小津ゆかりの宿があるよ」と誘ってくれ、みんなで泊まりに行きました。恩師曰く、フランス滞在中「日本の巨匠、好きな映画監督といえば、小津安二郎」という人が多かったそう。小津監督がそこで脚本を執筆していた小津の部屋（二番）もそのまま残っており、宿泊することができました。湘南の海まで歩いて三分。昔は、宿から海まで建物がなく、浜も見渡せたといいます。庭園も素晴らしく、居心地のいい日本旅館。小津監督のみならず、松竹の脚本部が定宿にしていましたし、有名な俳優女優もたくさん宿泊した宿です。現在も有名映画監督が滞在し、脚本制作に没頭する落ち着いた空間で、友人や恩師との宿泊がご縁で、これまで十数回に渡って活弁公演をさせていただいています。本当に光栄です。五代目の館主森浩章さんは、非常に映画にも明るく、地元の映画史を語り継ぎ、湘南文化の継承と発展に尽力していらっしゃいます。彼のお話や館内の案内もとても魅力的。多くの方に、ここでの活弁上映会を体験いただきたいと思います。

茅ヶ崎館からの紹介でスタートした仏蘭西料亭「横濱元町霧笛楼」での活弁も十数年に渡ります。大佛次郎の小説「霧笛」の舞台となった元町。開港後に賑わった港崎町遊郭を模した洋館は、和と洋が溶け合いとても素敵で、さらに上映後に美味しいコース料理をゆっくり堪能できることもあり、人気の上映会です。

いろんな出来事や想いが染み着いている場所は、無声映画たちと同じで、なにかしら霊感を与えてくれる気がします。ノスタルジックな建物とその空気が好きなわたしには、こうした場所での公演はたまらない魅力。全国各地で、その土地の歴史を見続けてきた建物を会場に、その土地と歴史を愛する方々と一緒に、活弁を楽しみたいというのが、わたしの望みです。

日常のトレーニングと喉のケア

舞台に立つ人、噺家、声を仕事にしている人はみなそうですが、身体が資本。呼吸器官や身体全体を柔軟に保ち、声帯も含めいいコンディションにしておかねばなりません。わたしも、ヨガやピラティス、柔軟体操などを日常生活に取り入れています。また、毎日、独自の発声練習をしています。NHKのアシスタントキャスター時代に教わった簡単なトレーニングと、ヴォイストレーナーや声の仕事をする方々に教わった方法、本を読みいいと思った訓練などを組み合わせています。長く太い息や瞬間的な力強い声を作り、滑舌をよくするための、基本的なものです。

表情も声と連動するので、とても大事ですが、よく笑い、よく話す以外、表情のトレーニングは特別行ってはいません。しかし、日常のさまざまなことがトレーニングになります。ドラマや映画、お芝居の鑑賞も大事な時間です。自分の感受性を豊かにし、具体的に役者のセリフ、声、表情などをなぞりながら自分の中に取り入れている気がします。本を読むこと、音読も訓練になります。

歌も歌います。歌番組は家族みんなの大好物、それぞれテレビの前で、知っている歌を思い思いに口ずさみます。時々大合唱になっていたり。気がつくとわたしのワンマンショーになっていたりもします。特に往年の名曲を綴った歌番組は、ほとんどが知っている歌で、歌手本人の映像で放映されますから、活弁と同じようにその表情を真似し、さらに声も音程も癖も合わせて歌います。声の幅を広げ、表現力を磨くのに役立つ、とてもいいトレーニングの場です。YouTubeやCDでほかのことをやりながら歌ったり、たまにではありますがカラオケでも、男性・女性さまざまな年代の歌を、ほぼ歌手の原キーで、声の特徴をマネして歌ったりしています。

どのような喉のケアをしていますか？ とよく聞かれますが、特別なことをしているわけではありません。ただ、公演直前に辛いもの、しょっぱいものを食べるのは控えています。日常的にはよく飲むお茶類も、公演の直前と最中は控え、水にします。また、たいてい風邪をひくときは喉からですが、夜にしょっぱいものを食べ過ぎたり化学調味料の多い料理を取り過ぎた翌朝の「喉が痛い」から始まることに気づき、気をつけるようになりました。喉の粘膜が渇くと、そこにウィルスが付着しやすいのです。部屋の乾燥や臭気にもわりと敏感です。埃っぽいところ、芳香剤や洗剤の臭いがきついところは、鼻や喉、気管支も辛いのでできるだけ避けますし、たばこの臭い、風邪をひいている人や薬の臭いにも反応してしまいます。臭覚はもともと危険を察知するためのものなので、生物として当然なのですが。自然の中の美味しい空気を身体にできるだけ取り入れるのも（自然の恵みの美味しい食事とお酒もですね）、わたしにとってとても大事なリフレッシュです。

と、「日常のトレーニング」について、一応真面目に書いてみましたが、どうも、好きなことしかやっていないことに気づきました。正直、わたしはかなり適当な（ゆるい？）人間です。トップアスリートや、田中泯さん、草刈民代さん、ＡＹＡさんなど、強靭で柔軟な肉体と精神、信念とオーラと表現力を持つストイックな方々に憧れるものの、自分はからきしダメ……。

父から「ムリ、ムラ、ムダ」は省き「快眠、快食、快便、快勤、快笑＋快酒」と教わりましたが、ムリはともかく、「ムラ、ムダ」だらけで「快眠、快食、快便、快勤、快笑＋快酒」に努めています。とにかく、ありがたいことに次々にいただく目の前の仕事を、一つひとつこなし、積み上げる。これが、スタートダッシュの遅い自分にとっての、日常の何よりのトレーニング、と思っています。

現代に生きる弁士の役割

現在は、ＤＶＤでも、ネットでも、手軽に昔の映画作品が鑑賞できる時代です。サイレント映画もレアなものは、なかなか手に入りませんが、ずいぶん多くの作品がデジタル化され、いつでも観られるようになりました。そんななか、わざわざ活弁付き上映に足を運んでみようと思ってもらえるか、「活弁」という文化に共感してもらえるか、弁士のがんばりどころです。

一度観てみようと足を運び、「なるほど。こういうものなんだ」という方も多いと思います。本当に面白くなければ、お客さまはリピートしてはくれません。「活弁付きで観ると、サイレントのまま観るのと違う発見や面白さがある！」「劇場で、弁士も観客も一緒に観るって楽しい！」「他の弁士の語りも聞いてみよう」「他の作品も活弁付きで観てみよう」そんなふうに思ってくださる方が増えていくことを願って、また、「サイレント映画って、昔の映画って、こんなに面白いんだ！」と古典映画への興味の入口になるよう、今日も台本作りに励みます。

5 さまざまな形で生きる現代のエンターテインメント「活弁」

最初に観たときの直観は確信に

最初に活弁と出会ったとき、わたしは直感的に「この芸能は、教育の分野と福祉の分野で必ずもっと活きる！」と思いました。どんな形でというのは具体的ではありませんでしたが、「教育の分野」においては、歴史を学ぶうえで無声映画時代の映像や「活弁」がもっと役に立ちそうだとか、子どもたちがみんなで「活弁」を鑑賞することで、なにか新しい気付きがあるだろう、と感じました。「福祉の分野」においては、こうした懐かしい映像を観ること、語りに触れることで、高齢者の脳が活性化したり、話に花が咲く。これからの高齢化社会で一役担うのでは、といった程度でした。漠然とした感覚でしたが、単なる大衆芸能や、過去の文化遺産としてではなく、未来に新たな形で機能する可能性を感じたのです。そして、どちらも、ある意味想像を超えた展開が待っていました。

教育の分野で活きる「活弁」

予想通り、子どもたち向けの学校公演は、たいへん喜ばれ、盛り上がりました。「映像の始まり」の話をして、実際に百年も前の映画を体験してもらう。その中に、当時の人々の生活や時代が見える。日本の語り文化の土壌の上に独自に発展した話芸「活弁」を知る。百聞は一見にしかず。子どもたちは歓喜しながら歴史の一端を垣間見ます。

最初のきっかけは公民館での、地域の三世代・四世代を対象にした上映会でした。近所の子どもたちがたくさん来て、「あ、これ、白黒の動く紙芝居だ!!」とはしゃぎ、二回目の公演も、大人や友だちを連れて来てくれました。そして、その評判で地域の学校でも上演することになり、周囲の小学校へも広がっていきました。

弁士になって三年目でしょうか、翌年統廃合になるという山形県の旧平田町の小学校公演にうかがった際のことです。上演作品はバスター・キートン主演の『荒武者キートン』（一九二三年）でした。大きな川を流されていくキートンと、彼を助けようとボートをこぎ出し自分も転覆してしまったヒロイン、キャサリン。会場の子どもたちからヤンヤの声援やツッコミが飛びました。

「ああ！　危ない！」

「自分が落ちたらしょうがないじゃん！」

壇上のわたしも笑いながら、「確かに、自分自身が落ちては元も子もありません！」などと言いましたが、終わった後、ＰＴＡの方や先生が、「子どもたちが、あまりに面白くて自分たちもやってみたいと言ってました。学芸会などで短いのをやれたりしませんか」と言うのです。そのときは、子どもたちにやってもらうという発想がなかったのですが、その後、「活弁ワークショップ」という形で、あちらこちらで体験してもらうようになりました。

「こども映画館～活弁と音楽の世界」

一三年間にわたって、毎年夏に務めさせていただいたフィルムセンター（現、国立映画アーカイブ）の「こども映画館」。「活弁と音楽の世界」と題し、FEBO（小沢あき／ギター・パーカッション、永田雅代／キーボード）の二人の賑やかな生演奏で、語ります。満場の子どもたちと保護者は、とにかく大爆笑の渦で、作品の途中でも客席から突っ込みを入れたり、登場人物の素晴らしいアクションや恋愛成就のシーンで拍手をしながら、めいっぱい盛り上がってくれました。映画と音楽と語りと会場の笑い声とのコラボで、わたし自身も、テンションマックス。司会の研究員さんに「プロレス中継のような語りで」と言われたこともありました。

「こども映画館」国立映画アーカイブ

この上映会は、必ずフィルムセンターの研究員の方々の解説がついていました。フィルム上映について、サイレント映画と活弁という話芸について、それぞれの作品の年代や背景、監督、役者さんまで、ちょっと小さい子どもには難しいかなと思う説明も含めて、「映画の歴史」を知ることのできるとてもいい企画です。子どもたちが、後ろを振り返って映写室のガラスの向こうにQ（キュー）を出す。すると映

楽士たち（左から永田雅代・小沢あき）

写技師のお兄さんやお姉さんがフィルムを回し、スクリーンに映画が映る。楽しい記憶が映画の断片とともに残り、一緒に体験した同伴のお父さんやお母さんが、後に「草創期の映画」や「活弁体験」の話をしてくれるかもしれません。

また、長年子どもたちへの上映、出演を続けさせていただくと、思わぬボーナスがあったりします。「小学校のころ、こども映画館を観たんです。すごく面白くていまもよく覚えています」などと、高校生や社会人になった方が声をかけてくれるのです。なんとうれしいことかと思います。そのうち「子どものときに体験した活弁を自分の子どもにも見せようと思って」と、親になって観にいらした方がお声かけくださるのかもしれません。

子どもの能力を引き出す「活弁ワークショップ」

各地で「活弁ワークショップ」を行ってきて、「活弁」がとても有能な教材であることを感じています。

東京の北区では長年、文化振興財団主催で「こども弁士教室」を開催いただき、講師を務めてきました。小学校四年生から高校三年生までの、年齢も性別も生活環境もさまざまな子どもたちが、無声映画の登場人物が何を考えているのか、何を喋っているのかということを自分で考え、ストーリーを組み立てて台本を書いていきます。十人十色、それぞれの台本を作り表現し、そしてほかの子が作ったものを見て聞いて、違うところを見つけ、評価しあい、さまざまなことを学んでくれました。想像力、理解力、発見力、共感力、表現力、ボキャブラリー、コミュニケーション能力、差異を楽しむ力などが磨かれていくのです。

北区「こども芸術劇場」で活弁する子どもたち

人を見る力、状況を読む力、考える力、まとめる力、人を楽しませる表現力などが自然と身についていくためでしょうか、「友だちが増えた」「生徒会長になった」「応援団長になった」「書くのが好きになった」「作文で優秀賞をとった」「弁論大会で優勝した」「卒業生として答辞を読んだ」など、さまざまな成果報告がありました。リーダーシップを発揮する子も多く、非常にうれしく思っています。

広島の映像文化ライブラリーでは、もう一〇数年、毎年夏に、子どもたちの「活弁ワークショップ」を開催していただいています。土曜日一日かけてのワークショップ。子どもたちがチームを組んで一つの作品をみんなで一緒に作ります。作り方は、それぞれの班の自主性にまかせ、スムーズ

広島の子どもたちの「活弁ワークショップ」

にいかないチームにはアドバイスをします。役を分けてどのように語るかを決め、次の日曜日、わたしの公演の前に発表してもらうのです。それぞれチームワークもしっかり発揮してとてもよい公演になるので、わたし自身も毎年とても楽しませてもらっています。

北区の場合もそうでしたが、作るだけではなく、舞台に立つということが非常に大きいようです。観客を想定して、「ここで楽しんでもらおう」という台詞を書いて、それが実際に観客に受けたり、おじいちゃんおばあちゃんに楽しんでもらえたり、そういった反応をもらうことで自信がつくのです。舞台で成功体験をつかんで、一つ成長してくれているということを、毎回感じさせてもらっています。経験した子どもたちには何かが残ります。もっと各地で開催できたらと願っています。

北区弁士教室の卒業生とは、卒業後に一緒に活弁公演を開催することもできました。成長を長年にわたってみつめ、応援し続けられること、そして一人の大人として関われることは、わたしにとって大きな喜びであり、財産です。

「伝える」力をアップする

昨今、「アクティブ・ラーニング」という教育法がクローズアップされています。教師が一方的に教え、知識を詰め込む形の従来型の教育ではなく、自分たちで問題・課題を認識し、自らが主体となって調べたり考えたりアクションを起こして、体験やグループワークの中から自分なりの答えを見つけていく学習方法。過程を大事にし、考える力や、発想する力、伝える力、表現力などを磨こうというものです。考えてみると、「活弁ワークショップ」も、一つのアクティブ・ラーニングの目指す成果をあげてきた気がしています。

中学・高校受験の方式も小論文や面接を重視するところが増え、子どもたちにとっては、これからますますこの「表現力」「コミュニケーション力」が問われる時代になります。人の話を理解し、自分の考えを持ち、それをしっかり伝えられるかどうか。

現在は、「活弁ワークショップ」での経験や、アナウンサー時代、その後のリポーターや講師他さまざまな経験を活かして、足立区で子どもたちの表現力アップ講座「発表が楽しくなるワークショップ」や「アナウンス講座」の講師を務めさせていただいています。おしゃべりレベルの「話す」から物語を「語る」、情報や意見を「伝える」まで、さまざまな「伝える」訓練です。

感情を伝える／自分の体験を伝える／好きなことを伝える／客観的状況を伝える／自分の考え、意見を伝える／聞いた話を伝える／みんなに有用な情報を伝える

人に何かを「伝える」ためには、その内容を的確に把握し、それを主に言葉に託して相手に届けなければなりません。また、届かなければ、伝えたことにはなりません。表情や態度で「感情」は伝えられるし、表情や態度も「伝える」ための大事な要素なのですが、社会で生きていくうえで、言語コミュニケーション能力は高いに越したことがありません。

「伝える」内容をはっきり整理すること
人の話をよく聞くこと
自分の心で感じて、頭で考えること
姿勢、表情、視線、声なども大事であること

「伝える」ために大事なことを、できるだけ楽しみながら体得してもらえるように、さまざまな素材、形式でワークショップをします。たとえばこんなことです。

・楽しかった夏休みの出来事を発表してみる

具体的に、みんなの頭に映像が浮かぶように。話したいこと、伝えたいことを、イメージして、頭の中に思い浮かべる。メモ用紙は渡しますが、作文とは違うので、一言一句読むために書かない。必要なら、話す要点や順番を忘れないように、メモをする。あとは、楽しかったイメージ、頭の中の映像を、その場の生きた言葉で伝える。聞き手のみんなは、わからなかったところ、もっと詳しく聞きたかったところを質問して、答えてもらう。みんなから「へえ！なるほど！」「僕もそこに行った」「それいいなあ！　楽しそう」の声が飛び交う。

共感を得たり、情報を喜んでもらえることで、伝えた行為に価値や喜びが感じられます。おそらく学校では、一人の子どもの発表にそれほど時間をかけてはいられませんので、全員が「夏休みの思い出」作文を書いて、上手だった子たちや積極的な子が発表してお終いになってしまうのではないでしょうか。同様に、「運動会」「お正月」「文化祭」「いま夢中になっていること」「習い事」など、お題を変えながら、発表してもらっています。

・自分で調べて聞いてリポートをしてみる
ネタを決め、それぞれに取材をして、原稿をつくり、カメラに向かってリポートする。
・ニュースキャスター体験――　ニュース原稿を読み、伝えるスタジオを模し、カメラで撮った自分の映像を観ながらフィードバックする。
・最近気になったニュースを紹介し、自分の意見を伝える
・インタビュー
お笑い芸人さんや館長さんに、記者さながら、自分で考えた質問事項のメモを片手にインタビュー
・他己紹介
二人一組で自己紹介しあい、聞きあい、相手の紹介をする。できるだけいいところを引き出す。
・物語を語る：役を演じる。
一人で、あるいは数人で、役になりきり楽しく物語を伝える。


こんなことを、みんなで発声練習をし、子どもたちそれぞれの成長度合い、個性と年齢を見ながら、褒めてアドバイスして励まして、発表力、表現力を引き出す工夫をしています。

たいていワンクール三カ月ですが、

「学校で発表するのが怖くなくなりました」

「発表が楽しくなりました」

「積極的に手を挙げて発言するようになりました」

子どもたちのこんな声にわたしもまた元気をもらい、笑顔を見送っています。

一見、活弁とは関係ないようですが、「活弁」に出会い、ワークショップをしながらたくさんの子どもたちとも接し、「伝える」ということと向き合ってきたからこそめぐりあっている講座で、こうした形で子どもたちの役に立てているのはありがたいことだと思います。

大人の「活弁ワークショップ」

ワークショップが有用なのは、子どもたちだけではありません。大人のためのワークショップも二〇〇五年から開催していますが、趣味の領域だけにとどまらず、それぞれに何かをもたらし、新たな展開につながっている方々もいます。

最初のきっかけは、二〇〇四年の世界一周の船、第四七回ピースボート。「水先案内人」として乗船し、長い船旅のレクリエーションとして活弁を披露すると同時に、乗客有志たちがプロデュースして体験ワークショップを行ったことでした。二〇～三〇歳代が多かった気がしますが、学生から退職された方まで幅広い年齢の方が二〇名以上参加し、最終的にチームに分かれて四つの作品の声色かけあい説明に挑戦しました。もちろんステージに上がっての公演もします。どのチームも、工夫満載で、会場は爆笑の渦となりました。

わたしの活弁公演も、有志のサポーターたちがかわいいチラシを作成し、宣伝して、現場スタッフとしても運営してくださり、入場待ちで階段三階分の長蛇の列ができるほどの盛況ぶりでした。

一回の公演では入りきれず、二回、三回と再演をした記憶があります。ワークショップ公演も同様で、船内に活弁ブームが巻き起こっていました。参加者の中には、「父が夕食時にいつも活弁レコード『不如帰』を聞いていたため自分も暗唱している」といって、その語りを朗々と披露してくださった七〇代の女性もおられました。

下船した後、月に一度ですが、定期的に活弁ワークショップを開催することにしました。半年ほどで一つの作品に取り組み、それぞれに自分なりの活弁を完成させてもらいます。これが現在も続いており、二期か三期ごとに活弁Wフェスティバルと称した公演を行い、出演いただいています。

ピースボートのワークショップから現在も続けてくださっている方々もいます。個性を活かした語り、すっかり自分の活弁スタイルが確立されていて、毎回お客さまを沸かせています。大阪からこのワークショップに参加してくれた方々もおり、現在関西で弁士として活躍している大森くみこさんもそのお一人です。

ピースボートのワークショップに参加したメンバーに、倉敷市児島在住のご夫妻がいます。最初のワークショップで一番最初に挙手して、ワンシーンのアドリブ活弁に挑戦してくださったのがご主人の矢吹勝利さん、通称かっちゃん。『熱砂の舞』(一九二六年、ジョージ・フィッツモーリス監督)のルドルフ・ヴァレンチノとヒロインの熱いラブシーンを、児島弁で熱演、会場は爆笑のうちに一瞬にして和みました。負けじと次に手を挙げたのが奥様むつみさん、通称むっちゃん。これまたバリバリの児島弁で熱い男女のかけあい。笑いと拍手をさらいました。

下船した後、お二人はこの活弁の面白さを地元児島にも広めたいと、公演を企画くださるようになりました。児島文化協会のみなさまと協力して毎年倉敷市児島に呼んでくださり、そのうちに「やっぱり生演奏がいい」と地元の音楽家野原直子さんをご紹介くださり、共演させていただくようになりました。毎年数百名、多いときで六〇〇名ものお客さまをお呼びくださり、十数年に渡って、野原さんの素晴らしい音楽とともに本当に楽しく公演をさせていただきました。

二〇〇七年の岡山映画祭で、地元の方に活弁をやってもらおうという話が持ち上がり、矢吹夫妻も「むっちゃんかっちゃん」として弁士デビュー。息もぴったり、笑いのセンス抜群、無敵の児島弁を駆使し、現在も夫婦活弁として地元で活躍しています。口演のたびに「活弁士の末裔」という人や「親が楽士だった」という方々にお会いするそうで、わたし同様、活弁がつないでくれるご縁と、文化継承の輪の中にいることに感銘を受けていらっしゃいます。こうした展開はとてもうれしいことです。

福祉の分野で活きる「活弁」

わたし自身が弁士として活動を始めて五、六年経ったころ、ある映画プロデューサーさんたちから、「活弁の手法を活かして視覚障がいのある方と健常者が一緒に楽しめる音声ガイドを作ってみないか」というお話をいただきました。二〇〇六年だったでしょうか、まだそのころは、社会一般に「視覚障がい者が映画を観る」という認識は薄く、シティライツさんをはじめとするいくつかのボランティア団体が、映画を楽しみたい視覚障がい者のために個別に同行上映会を行ったり、FMラジオで館内に音声ガイドを飛ばすライブガイド付き上映会を自主開催していました。

同じように、聴覚障がいの方々のための邦画の日本語字幕付き上映も非常に数が少なく、「邦画を観たくてもセリフがわからない。結局いつも字幕入りの洋画しか観られない。邦画に日本語字幕を」と、聴覚障がい者からの要望が増え始めた時期でもありました。映画製作者、視覚障がい・聴覚障がいの当事者、支援者、大学教授など有識者、そこに活動弁士のわたしも加わって「バリアフリー映画研究会」が組織され、視聴覚障がい者への情報保障と、それを越えた、知的障がい者や高齢者にも優しい、健常者もみんなで楽しめる「バリアフリー映画」のあり方を研究し、啓蒙する活動が始まりました。政府、行政も巻き込んだ一大プロジェクトでした。

お声かけいただいたきっかけは、わたしがアナウンサーも経験した活動弁士だったからで、「活弁、映画説明者のストーリーテラーとしての技術と、アナウンサーとしての経験、両方を活かし、セリフとセリフの間に巧みに情景描写を入れて、視覚障がい者もイキイキと映画が楽しめ、健常者も邪魔にならずにナレーションのように自然に聞ける音声ガイドを作ってほしい、一緒に模索していきましょう」という、けっこうハードルの高いお話でした。

活弁の技術を活かした映画音声ガイド

最初に手がけた作品は、ドキュメンタリー『三池～終わらない炭鉱《ヤマ》の物語』（二〇〇五年、熊谷博子監督）と、劇映画『ドルフィンブルー～フジ、もう一度宙《そら》へ～』（二〇〇七年、前田哲監督）。しかし、活弁とは対象や目的が違うガイド台本をどう書いたらいいものか、最初は四苦八苦しました。活弁では、見えるものはできるだけそのまま言わない、「ト書き」はいらない、と教わってきましたが、逆に見えるもの、「ト書き」的情報がほしいのです。目の見えない方は、普段どんなふうに映画を体験しているんだろう。どんな情報がほしいのだろう？

セリフや効果音はつぶさないよう、クリアに聞こえるようにしなくてはなりません。その隙間に、見なければわからない情報を、選んで入れていきます。限られた尺（長さ）。たくさんの視覚情報の中から何を伝えるかを選択し、言葉を厳選する作業は、思った以上にたいへんでした。

はじめのころは、「視覚障がいの方は、聴力が発達していて、健常者の四倍から、速い人だと一一倍でも聞き取れる」とうかがい、できるだけたくさんの視覚情報を詰め込もうとしました。それが親切だと思ったのです。しかし、日常の生活にリズムがあるように、映画の作品世界にも、そのシーンごとにリズムがあります。情報を詰め込むことで、逆にシーンが味わえなかったり、静寂を選んだ監督の意図が伝わらなくなってしまうことがあると気づきました。

同じバリアフリー映画研究会に所属する東京大学先端研究所研究員の大河内直之先生や、多くの視覚障がいの方々に接し、音声ガイドに関する意見や感想をうかがううちに、作品中の環境音やセリフ、ストーリーの流れの中で、想像以上に多くを理解されていることにも気づかされ、だんだんと、必要とされる情報、楽しんでもらいやすい分量などがわかっていきました。

最初は活弁の語りのように、その瞬間に見えている情報だけではない、登場人物の表情から読み取れる心の声や、主題に迫るようなナレーションを入れたり、視覚ではない情報に置き換えて伝えようと皮膚で感じる情報（熱い、暑い）や匂いを表現したりもしましたが、視覚障がい者にとっては、「それはどこにどんなふうに見えているの？」と気になってしまうことも知りました。活弁や朗読を聞く場合と違って、音声ガイドはあくまで、視覚情報の説明なのでした。

監督やプロデューサーさんたちと一緒に音声ガイドを制作できたことも、大きな学びとなりました。特に大きな気付きをいただいたのが、スタジオジブリの『猫の恩返し』（二〇〇三年）の音声ガイドを森田宏幸監督とみっちり制作したときでした。これも「どんな音声ガイドがいいのか」「みんなが楽しめる音声ガイドの質」を研究しようと、バリアフリー映画研究会が二〇〇九年に実施したのですが、製作者である監督は、思い切って一歩踏み込んだガイドができるのです。たとえば、随所に、主人公の女子高生ハルの主観、視点、心の声で表したガイドがあります。以下は、監督が書いてくださった、タイトル前後のガイドです。

ハルとひろみは気分転換に屋上に出てきた。昼休みの青空に真っ白いタイトル。【猫の恩返し】

（バシッ）

イテッ、、、、バレーボールが頭に飛んできた。今日はついてないなぁ。

〈暗転〉

「イテッ、、、」以下はハルの心のつぶやきのように読むガイドです。最初にわたしが書いたガイドは、

――（バシッ）バレーボールが後頭部に当たり、頭をかきながら振り返るハル――

でしたが、そのハルの心情を、ため息交じりに語ることでハルのしょげた顔を想像してもらおうという監督の意図は、とても面白く、とくにアニメーションには合っている手法に思われました。

ほかにも、きょとんとしたハルの顔のアップに、

どうしたのだろう？　窓の外を覗くハル。

という心の声を入れたり、

猫楽団、顔を見合せて困っている……楽譜がないとねぇ……

すると、盲目のアコーディオン猫が、ワルツを演奏し始めた。

♪～（二人のダンス始まる）

観ただけではサングラスをかけたダンディな猫というだけしかわかりませんが、実はスティーヴィー・ワンダーをイメージした盲目のアコーディオン弾きだという監督のこだわりまでがさっと差し込まれ、この一瞬のキャラクターの存在が視覚障がいの方々をおおいに喜ばせました。

この作品は、鹿児島、佐賀でのバリアフリー映画祭など、ライブ音声ガイドでたくさんの健常者の子どもたちにもご覧いただきましたし、知的障がいの方々にも楽しんでいただけたようでした。視覚障がい者の方々からは、「ハルちゃんと一緒にドキドキワクワク、螺旋階段を上ったり、猫兵たちと戦いました」という感想をいただき、わたしも監督もとても感激した記憶があります。森田監督は、シンポジウムで「音声ガイドの制作は（字幕の制作もそうですが）、自分の作品を、もう一度作り直すくらいの面白さとやりがい、創造性がありましたし、それを多くの方がこうしてライブで楽しんでくださっているのを目の当たりにできてとてもうれしいです」と結ばれました。

「バリアフリー映画研究会」では、足かけ一〇年にわたり、試行錯誤をしながら、さまざまな作品に携わらせていただき、各地のバリアフリー映画祭でもたくさんライブ音声ガイド上映をさせていただきました。発見の連続でした。森田監督との共同作業で得たたくさんの気づきも、その後『河童のクゥと夏休み』（二〇〇七年、原恵一監督）や『君の名は。』（二〇一七年、新海誠監督）などのアニメーションの音声ガイドを手がけた際に、おおいに活きました。

【Column】

元祖！ジャパニメーション――日本の動画、始まり始まり

いまや日本のアニメは世界に誇る一大文化だが、わたしが無声映画時代の「元祖日本の漫画映画」を見たのは、活動弁士になってからだった。

それはとても新鮮だった。チャンバラ、忍術ものなど、かわいい登場人物たちが〝てけてけ〟走り、〝ぴょんぴょん〟飛び跳ね、〝ぱっ〟と消えては現れる。『一寸法師 ちび助物語』（1935 年、作画・演出：瀬尾光世、作詞：巌谷小波、作詞：田村虎蔵）では、ちび助一寸法師が、スタンプで自分の分身をどんどん作り、大鬼を数で打ち負かす。当時の技術とアイデアにも関心しきり、思わず「うひゃひゃカワイイ！」と声をあげずにいられない。弁士の語り付きの漫画映画は、どちらかというと「動く紙芝居」といった印象だろう。

日本では、「動画（アニメ）」のことをはじめは「線画」と言った。コマ落としで撮影するため、「トリック」、あるいは「線画トリック」とも呼んでいた。日本で初めて動画が興行上映されたのは、1914（大正 3）年の 4 月 15 日、浅草・帝国館で『凸坊新画帖』という英国映画だとか。アニメが国内で制作されるようになったのは、天然色活動写真株式会社が、1917 年 1 月に発表したのが第一作だという。その 5 月には、日活向島が動画制作を開始、『猿と蟹（サルとカニの合戦）』（企画・作画・演出：北山清太郎）を始め、おなじみ『桃太郎』『一寸法師』などを作る。子どもたちに受入れられやすい日本の昔話は、よく漫画映画の題材になった。当時、動画は、その材料が高価だったため、興行的にはどちらかというと“そえもの”的で、官庁と結びついて教育目的に作られたものも多かったらしい。

昭和に入って、日本の元祖アニメキャラクターと言われる『のらくろ』シリーズが生まれる。講談社の『少年倶楽部』誌で連載された漫画の映画化である。この『のらくろ』は、戦前戦後と 50 年にわたって連載され国民的に愛されたキャラクターだが、戦前戦時中は、衛兵のらくろが手柄をあげて軍部で昇進していくストーリーで、戦意高揚の役割を果たした。『桃太郎』シリーズなどもしかり。子どもの教育に効果的な漫画映画だったが、それだけに時代の思想が入り込んだときの影響力も大きい。意図的かどうかは別として、どの時代も、大衆に広く浸透している娯楽が与える影響力の恐さは、ときどき感じるところである。

アカデミー賞外国語映画賞他、映画祭の賞を総なめにした『おくりびと』(二〇〇八年、滝田洋二郎監督)や、日本アカデミー賞主演女優賞他こちらも多くの賞を受賞した『ぐるりのこと。』(二〇〇八年、橋口亮輔監督)なども、手がけさせていただきました。映画祭には監督も来場、ライブ音声ガイド付きでバリアフリー上映し、視覚障がい者、健常者、多くの観客が楽しんでくださいました。全盲の方に「佐々木さんの音声ガイドが好きなんです! ファンなんです」と言われたときは、照れくさいのとうれしいのとで、握手の手が汗ばんでいたような気がします。

二〇一〇年には、東京国際映画祭で『幸福の黄色いハンカチ』(一九七七年、山田洋次監督)をバリアフリー上映するとのことでライブ音声ガイドを務めさせていただき、恐れ多くも山田洋次監督にもご覧いただく機会を得ました。尊敬する監督の大好きな作品。監督の意図を組み、シーンの空気を壊さず、健常者にも全盲の方にも、笑えるシーンは思いきり笑ってもらえるよう、ほろりとさせるシーンは泣いてもらえるよう、作品に寄り添いながら語ったつもりでした。監督は上映後に、「いやあ、ぼくの作品、活弁がついたほうがわかりやすいし面白いね」と、観客の前でお褒めの言葉をいただき(「バリアフリー映画の啓蒙のための上映会」ですからけなすわけにはいかなかったはずですが)、どれほどうれしかったかしれません。

監督含め制作側には「このシーンはこういう意図だからこう伝えたい」「そこはこの情報を優先したい」があり、一方、視覚障がい当事者には、そんな監督の表現も「そうか、なるほど」と思う部分と「でもその言い方はガイドとしては違和感がある」という意見もあり、両方の立場を鑑みて、どちらも置き去りにしない言葉を選ぶのがガイドとしてのわたしの役目なのだなと感じるようになりました。以前、とある上映会で、山田洋次監督が「音声ガイド制作者も表現者であってください」とおっしゃっていたのを思い出します。作品の作り手の意図を汲み、鑑賞者に届ける映画説明者。これって、現代の活弁、かもしれません。

活弁の語り口調もそうであるように「映画それぞれのテイストに合わせたら、ガイドの語り口調も自然と違うものになる」というのは、この一〇数年の経験の中で腑に落ちていることです。

それから、視覚障がい者と一口に言っても、いつ見えなくなったかやその障がいの程度、知識の有無や経験値によって理解力もさまざま、嗜好も十人十色。音声ガイドの好みも多少違います。語りが違えば作品も違って見える（聞こえる）。好きな語りがそれぞれ違う。これも活弁と共通です。

活弁を始めてから、よくお客さまに「古い無声映画じゃなく、いまの映画では活弁でやらないの？」「活弁で語ってくれたら、もっとわかりやすく、面白くなりそうな映画いっぱいあるけど」などと言われてきましたが、「音声ガイド」という形で、やっていますから（笑）、機会がありましたらぜひ一度ご体験くださいね。

聴覚障がい者のための字幕と無声映画字幕

バリアフリー映画研究会では、音声ガイドだけでなく、「聴覚障がい者にとってよりよい日本語字幕」の調査、試作、研究も重ねられました。セリフのスピードが速く一度にそのまま表示するには量が多かったり、そのまま文字にするとわかりにくい文章であることもしばしばです。それをわかりやすく読みやすい分量にすることや、話者がだれであるかがわかるようにすること、音楽や環境音をどこまで、どのように表記するかなど、工夫すべき点はたくさんありました。

これも、視覚障がい者の場合と同じく、先天性かどうか、いつ聞こえなくなったかや障がいの程度等によって、みな嗜好が違います。また、文字より、手話を日常の言語としている方々もおり、みんなが一様に「これがいい」というものを求めるのは難しいこともわかりました。でもそうした前提を踏まえつつ、ここ一〇年ほどで、各映画社、またテレビ局も、それぞれのフォーマットによる聴覚障がい者への情報保障を整えてきています。

バリアフリー映画研究会がスタートしたころ、思い切った実験的な字幕も試してみようという話になり、「無声映画の字幕」を改めて見直してみると、さまざまな工夫が散りばめられていました。

たとえば、『雷電為右衛門～涙の土俵入り』（昭和三年、マキノ御室、マキノ省三監督）では、強すぎる力士雷電為右衛門をこころよく思わない市井の人々が噂をするシーンで、人々の顔に重なるよ

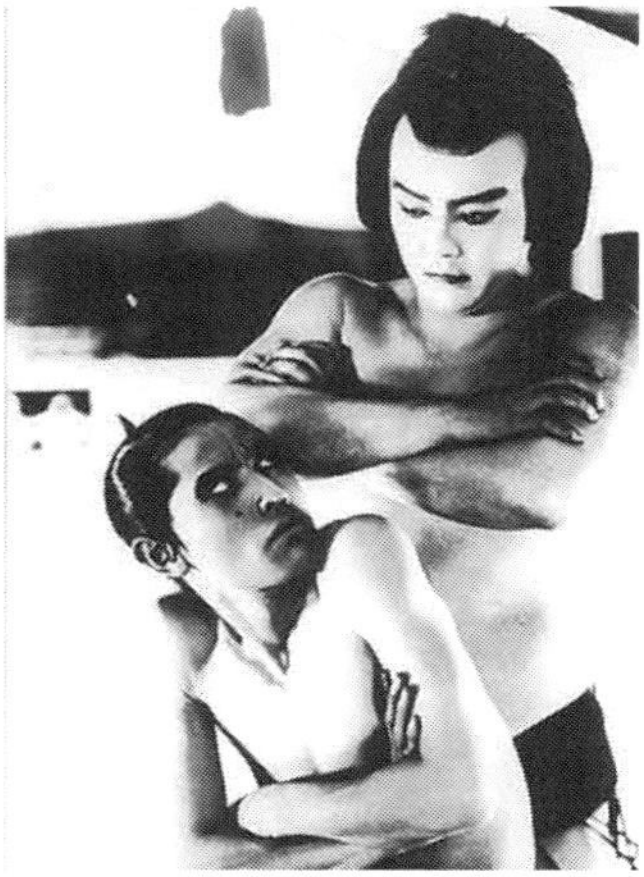

『雷電為右衛門～涙の土俵入り』

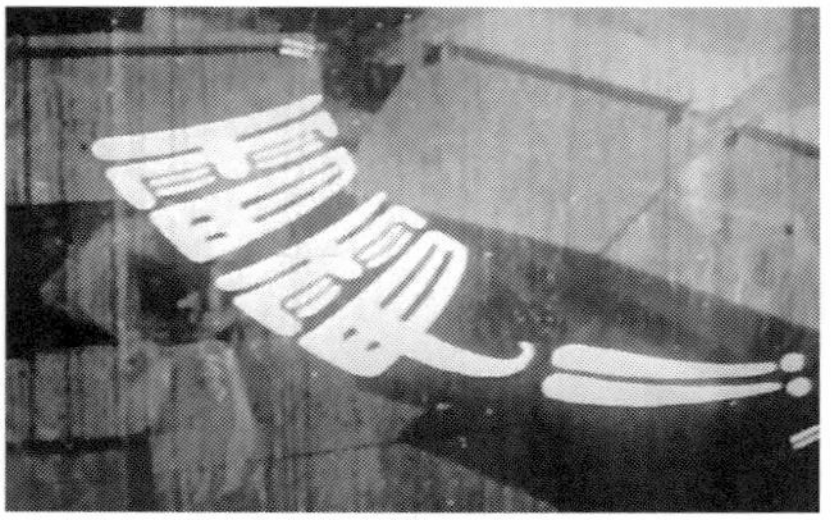

「雷電！」の文字

うに、あちらこちらからさまざまな大きさで「雷電！」「雷電！」「雷電！」「雷電！」の文字が浮き上がってくるという趣向。

『瀧の白糸』や『沓掛時次郎』など上げたらきりがありませんが、昭和に入ってからの日本映画には、こうした大きさや字体に変化をつけた字幕が見られ、まるで「ここは大きな声で」「ここは突然後ろから」「ここはガヤ（エキストラ）」などと指示されているよう。演出の意図、感情の動きなどがわかり、弁士としても語りやすくなっているのです。

そういえば、無声映画は、無音の状態で見て楽しめるように工夫されて作られているのですから、もともと聴覚障がい者対応です。そこに、弁士の流暢な語りがつく。弁士の活弁を録音したレコード盤が大流行だったというくらいで、語りだけで楽しめるのですから、視覚障がい者も享受できます。「活弁」はもともとバリアフリー映画……ユニバーサルデザイン映画だったんじゃないか！　と思った次第でした。

そして、聴覚障害者のための字幕も、出し方や大きさ、表示する位置、色などを変えながら、もっと面白く、わかりやすくできないかと模索されました。

こうしてほぼ一〇年間の、バリアフリー映画製作、上映、当事者アンケート、視覚障がい者や聴覚障がい者が劇場で公開作品を鑑賞するためのアプリの開発、映画関係者や政治、行政への働きかけ等々（わたしは音声ガイドの制作に従事していただけですが）、バリアフリー映画研究会はじめさまざまな団体の活動が実を結び、二〇一六年から「UDCast（ユーディーキャスト）」というアプリで、かなりの邦画作品が、劇場公開中に、音声ガイド付き、字幕付きで楽しめるようになりました。

アプリ「UDCast（ユーディーキャスト）」

わたしが携わってきたライブ音声ガイドは、「オープン形式」と言われるもので、会場全体にガイドが流れ、障がい者も健常者も、会場にいるみなさんが聞くことになります。これは「みんなで楽しめる」という利点はありますが、どこでもできるわけでも、受け入れられるわけでもありません。ライブということは一回性で、音響機材も必要ですし、みんなで楽しむためのガイドには健常者も自然に聞けるそれなりの技術が必要です。収録版を作り上映することもできますが、劇場で何度か日本語字幕・音声ガイド付きのバリアフリー上映を試していただいたところ、「この回はバリアフリー上映です」というインフォメーションに、「ああ、今回の上映は障がい者のための回ね」と健常者に敬遠され、逆に観客数が減ってしまう傾向がありました。これでは上映する側は商売に

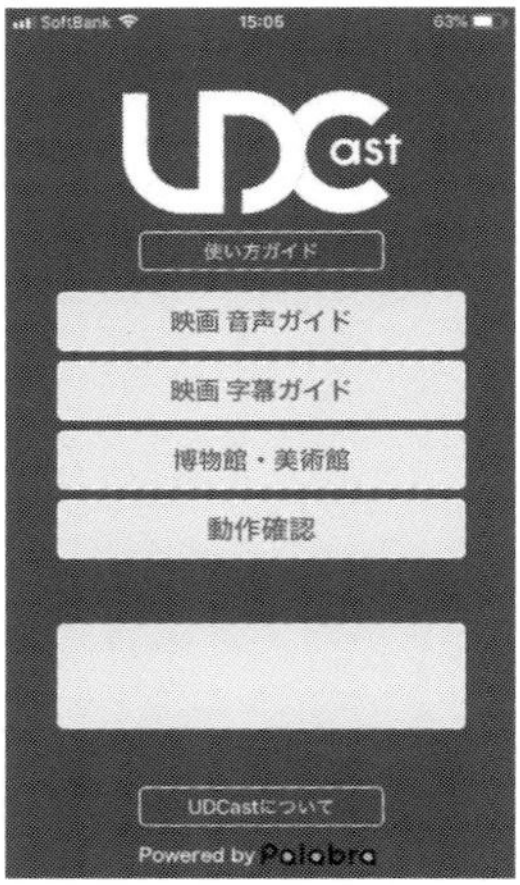

アプリ「UDCast（ユーディーキャスト）」トップページ

なりません。

一方、イヤホンから音声ガイドを聞く「クローズ形式」は、FMラジオで慣れている視覚障がい者も多く、自分で音量調節ができることや、周りの健常者を気にしなくていいという気楽さ、難聴の方にも個別対応ができることなどで、普及に向いていました。

ただFM送信機だと、個々の劇場の映写室から収録したガイドを同期させて送信しなくてはならず、各地の音声ガイド団体が劇場を説得して「FM音声ガイド付き上映」イベントを開催する、あるいはだれかが送信機を持って出張上映する、という状況で、また時々同期がズレるなどのトラブルもありました。しかし同じ「クローズ形式」でも、「UDCast」は、音声認識の技術を使って公開前に音声ガイドを入れておき、利用者それぞれがスマートフォンといった端末でアプリをインストール、観たい作品の音声ガイドを無料ダウンロードして、劇場でそのアプリを立ち上げると同期してイヤホンで聞くことができる、という優れものです。タイムコードで完全同期しており、映像とズレを生じることもありません。当事者が自身のスマートフォンを持参し、アプリをダウンロードさえしておけば、劇場側にもなんの負担もありません。端末から映像の音声を拾うことで同期するため、劇場の外で映画を観ずに音声ガイドだけを聞くことはできません。純粋にお客さまのためのサービスです。しかも、DVDやテレビ放送、配信などでも使うことができます。

さらに、この「UDCast」は、日本語音声ガイドだけでなく、聴覚障がい者のための字幕や、昨今増えた外国人客のための英語字幕、手話も端末で再生することができます。複数言語によるマルチリンガル対応も無制限。メガネ型端末は多少高価なこともあり、普及はこれからですが、まさにカスタマイズされた多くの可能性を秘めたアプリです。わたしも、「UDCast」の制作会社「Palabra株式会社」の松田高加子さんのディレクションのもと、『太陽の塔』『YUKIGUNI』など、いくつかこのシステムでの音声ガイドを手がけさせていただいています。

NPOビーマップ（Bmap）でのライブ上映活動

「UDCast」によって、「バリアフリー映画研究会」が目指してきた目的「だれもが公開と同時に劇場で映画を楽しめる」という情報保障の側面は達成されました。とてもうれしいことです。

その実現までの過程で、前述したように、「だれもが同じ空間で、一緒に、日本語字幕・ライブオープン音声ガイド付き上映を楽しむ」活動を広めようと、特に奮闘した時期がありました。「視覚障がいのある方、聴覚障がいのある方、健常者が、同じ会場で同じ映画を見ることで、一緒に笑ったり泣いたりできる」「〝障がい〟や〝バリアフリー〟〝ユニバーサルデザイン〟を考える機会にもなり、共生社会への一助になるのでは」と。マスコミにも取り上げていただき、わたしは二〇〇九年から二〇一二年までNHK文化センターで、「バリアフリー映画講座」を持たせていただきました。「あなたの声でバリアフリー映画を作ろう」をキャッチフレーズにした、音声ガイドの作り方と語り方の講座。興味を持った方々、聡明で有能な女性たちが、たくさん受講くださいました。

音声ガイドの台本を書くということは、映画を一つひとつ分解していくような作業になります。「目の見えない方に説明するには、台詞と台詞の間の少ない隙間に言葉を選びきって入れていくことが必要です。読み方も重要ですし、何を選ぶかということによって印象がまったく変わってしまいます」

この言葉選びと語りの奥深さ、映画の面白さにハマってくれたのか、「カルチャースクールの学びだけで終わらせず、自分たちの手で、声で、このバリアフリー映画を届けていこう」という方が大勢いらっしゃいました。そこで、受講生のみなさんと一緒にボランティア団体を立ち上げることに。それが二〇一〇年にNPO法人になり、不肖わたしを理事長に、現在も活動を続けています。「みんなで楽しむためのバリアフリー映画」ということで、メンバーみんなで「ビーマップ(Bmap：Barrier-free movies for all people)」と名付けました。ビーにはBeの意味も込めています。みんなが映画を楽しむための「MAP(地図)であれ」と。その思いを共有し、メンバーはみんな、ていねいに音声ガイドや字幕を作り、図書館や障害者施設や団体、高齢者施設から定期的に依頼をいただき、無料上映会を開催しています。

「視覚障がい者の隣で、聴覚障がい者が一緒に同じ映像で笑っている。こんな風景、なかなかないんです」と当事者や主催者が感激してくれることも多いですし、耳が遠くなったり視力が落ちてしまった高齢者の方々にも、昔の映画を懐かしみながら、「とてもわかりやすかった」と喜んでいただいています。また、健常者の観客も「普通に観ていたら見逃してしまうような細かいところまで、拾ってさりげなくガイドしてくれるから、より作品を楽しめる」とおっしゃってくださる方が多く、励みになります。できる限り言葉をそぎ落とし、流れを崩さず、監督の意図やシーンの雰囲気を損ねることなく、作品を存分に味わってもらう。そんな音声ガイドをみんなで目指しています。

ビーマップのメンバーとも、足かけ一〇年。わたしにとっては、かけがえのない仲間ができました。人生においては先輩ばかりですので、ガイド以外の組織運営においては、教えていただくこと、支えていただくことばかり。ガイドの制作や語りは少しばかりわたしのほうが早くスタートしましたが、こちらももうみんなベテランです。わたしのほうが、「そこはこう言ったほうがいいんじゃないですか」と指摘されることもしばしば。年の功で、ボキャブラリーの広さを活かし「それそれ、その単語！　待ってました」と頼られている大先輩もおります。

読みのほうはというと、元アナウンサーや朗読の経験者もいますが、まったくの素人からスタートした方のほうが多数です。でも、ガイドの読み稽古にもそれなりに時間をかけてきた甲斐あって、「作品に溶け込むような自然な語りで素晴らしかった」と鑑賞者に感激されている姿は、本人たちだけでなく、わたしにとってもとてもうれしく、達成感を感じています。

ライブ音声ガイド・日本語字幕付き上映のよさは、活弁と同じ「会場の空気の共有」「共感」です。これは、何度も言うようですが、映画の原点。「活弁」が、世代を超えて楽しめる「縦の広がり」を持つ映画上映なら、「バリアフリー映画」は、障がいを越えて楽しめる「横の広がり」を持つ映画上映。形態は違えど、「みんなで作品世界を、感動を、共有したい」という思いは一緒です。

音声ガイドが活弁にもたらした変化

音声ガイドに携わるようになって、わたしの活弁台本の書き方も変わりました。まず、無声映画のワンシーン、ワンカットの見方が細かくなりました。メインの人物だけでなく、周囲の人物たちのちょっとした行動も目に留まり、気になります。面白ければ拾って紹介したくなりました。さまざまな視覚情報の中から、活弁の語りによって、見てほしい部分にフォーカスするのです。

活弁では、ざっくりと物語の筋を先に語ったり、登場人物の人となりを紹介したりします。「この先、二人にはこんなことが待ち受けているのです……」などと展開を匂わせたりもします。しかし、音声ガイドでそれはタブーです。観て得られる情報のみなので、物語の筋、この先の展開、人物の性格や特徴、名前まで、基本的に映画の進行と同時に知っていただくように語らなくてはなりません。つまりネタバレ禁止です。音声ガイドの制作を経験することで、活弁台本の書き方の幅が広がり、作品によって、シーンによって、場合によって、語る選択肢が増えたことをうれしく思います。

「視覚障がい者も楽しめる無声映画」も、依頼され何度か手がけました。キートン、チャップリン、齋藤寅次郎などはたいへんでした。映像だからこその笑いを言葉で表現し、スピードにも付いていかなくてはならず、語る方も観る方も非常に難易度が高かった気がします。一方、『結婚哲学』（一九二四年、エルンスト・ルビッチ監督）や『瀧の白糸』（昭和八年、溝口健二監督）などのドラマは、会場に全盲の方がいらしたために、その場で普段の台本に必要な視覚情報を少し加えただけでしたが、「ストーリーもシーンもよくわかり、十分楽しめた」と感想をいただきました。それらの経験がまた、音声ガイド台本の制作にも還元されています。

また、音声ガイドに携わるようになって、無声映画以降の日本映画を観る機会が増え、無声映画時代にも出演している俳優たちのその後の活躍に親しめているのもうれしいことです。音声ガイド制作のためには、一つの作品を何度も何度も観ます。何度観ても、いや観れば観るほど、『若大将』シリーズの飯田蝶子のりきばあちゃんや、『男はつらいよ』シリーズの笠智衆の御前様は、「いい味だしてるなあ」とほのぼの、感心します。

さまざまなコラボレーションとカツベンの可能性

ここ数年は、さまざまな出会いの中で斬新なコラボレーションをすることが増えてきました。だれもやったことがないことを、試行錯誤しながら、いろいろと形にしていくことは楽しいことです。

二〇一六年秋の山形県天童市で開催された県民芸術祭記念式典のオープニングイベントでは、「未来は託す〜吉田大八」と題して、幕末の地元の志士吉田大八の生涯を、語りと芝居と音楽と踊りと映像と合唱とで表現する総合舞台にし、脚本と合唱曲の作詞を手がけました。二〇〇人以上の市民出演者、一二〇〇人の観客が沸く、ものすごいエネルギーのイベントとなりました。合唱曲は、天童市のみなさんがいまも歌ってくださっています。

同年、早稲田大学の学祭で学生たちが「ニューワセダ活弁」と題して企画した、漫画×活弁×生演奏のコラボレーションも斬新で最高に面白いものでした。題材は石黒正和さんの漫画『ネムルバカ』。漫画をクローズアップやパンで動きをつけて撮影、編集し、投影。ライブの語りと生演奏で上映することで、紙上の二次元の世界が立体化し、石黒先生も詰めかけた大勢のファンのみなさんも目から鱗の、貴重なイベントとなりました。わたし自身も非常に楽しかったですし、早稲田の学生たちのアイデアと行動力、技術力に敬服した企画でした。

『源氏物語』を日本舞踊と能と語りと生演奏で上演したり、シェイクスピア劇『ハムレット』の舞台に王妃ガートルード役で立たせていただいたり、テレビ番組で活弁を活かしたナレーションをさせていただいたり、NHKの元エグゼクティブアナウンサー村上信夫さんと声色かけあい説明をしてみたり。たくさんいい経験をさせていただいています。

藤沢周平『春秋山伏記』の一篇「験試し」ライブ公演、2019年。出羽三山神社に協力いただき、山伏姿に扮した輝さん。法螺貝も吹きました。わたしははんこたんなをつけ、お借りした庄内おばこの恰好で、農村の女「おとし」の視点を中心に語りました

二〇一九年、高校の大先輩で俳優の佐藤輝さんと二人で、藤沢周平の『春秋山伏記』の一篇「験試し」のライブ公演（佐藤輝構成・演出）に挑戦させていただいたことも、わたしの財産となりました。ドラマティックリーディングというのでしょうか、単なる朗読ではなく、衣装をつけて舞台上を少し動きながら、照明や映像、生演奏とともに、演ずるように語る舞台です。俳優歴五〇年を超える輝さんの芸に対する姿勢、気迫、集中力、表現力。ミュージカル『ラ・マンチャの男』では、松本幸四郎（現、白鸚）とのコンビで「絶品」と評されたサンチョ・パンサの役を四〇〇〇回以上務め、これまで五〇〇〇回近くの舞台に出演されている方です。圧倒的な声量と熱量と表現力に、足をひっぱらないようにと思いつつ、わたしの庄内弁もなんだかイントネーションがヘンになっていて、ずいぶんご苦労をおかけしました。マイクを通してではない「生の声」を

「熱」とともに届けること。間、抑揚、しぐさ、視線、一挙手一投足に至るまで、すべて表現。人物としての感情を乗せて全身で語ること。たくさん教えていただきました。弁士として、表現者のはしくれとして、いただいた薫陶を活かしていかねばと思っています。

「活弁」とともに

活動弁士を始めたころ、「『役目』というのは、必要な時期、その人がやるべきときに与えられるものだから、与えられたら務めるものだ」と故郷の大先輩に言われました。それ以来、頼まれ事はできるだけ断らない（お金のこと以外は）ようにしています。こんなわたしでも「役に立つ」ことができるなら、それはありがたいことです（もっとも、忙しくなれば物理的に引き受けられないことが多くなるのですが）。

まだまだ駆け出しの弁士だったころから、中学時代の恩師が、「進路講話」などという形で学校にお招きくださいました。恐れ多いと思いつつ登壇させていただき、それから時々「活動弁士という存在」や「活弁という文化」「わたし自身の仕事の広がり」などをお話しする講演の機会をいただくようになりました。

母校の中学校が統廃合になると決まったのは二〇〇七年ころだったでしょうか。鳥海中学校は、隣の八幡中学校と統合されて二〇一〇年に「鳥海八幡中学校」となることに。その際、これも恩師の推薦で、「活動弁士として自分で台本を書いて語っている卒業生に、新しい校歌の作詞をお願いしよう」という話が持ち上がり、引き受けると、ついで作曲もご依頼いただきました。母校と故郷への思いはひとしおでしたから、本当にうれしく、光栄なお話でした。自分の愛校心と愛郷心、それを、言葉で、メロディで、形にできる！

わたし自身が、小学校、中学校、高校の校歌がどれも大好きでしたし、「校歌は人生の応援歌」という思いがありましたので、卒業しても、疲れたとき、行き詰ったときに歌うと自分の故郷や土台を思い起こし、明日に向かって勇気がでるような歌を！　と創らせていただきました。活弁公演に行った先や、母校酒田東高のキャリア研修に講師としてうかがった際などに、「鳥海八幡中学校の卒業生です。あの校歌、いまも、大好きなんです！」と声をかけられることが、どれほどうれしいか。自分自身も、この校歌を口ずさんで、涙とともにわいた笑みと勇気に救われたりしました。

これもみな、「活弁」と出会い、「言葉」を扱う仕事をさせていただいているおかげです。「言葉」は、人に勇気や希望や安らぎを与えることもできれば、人を傷つけることもあります。軽率な言葉、不用意な言葉が相手を不快にさせることもあります。人間としてもまだまだ未熟な自分ですが、その一言の重さを忘れずに、映画と、登場人物と、実生活で関わってくださる方々と、向き合っていかねばと思います。

「活弁」と出会ったことで、仕事も広がりましたが、「活動弁士」になっていなければ会えなかった多くの人と出会うことができ、かけがえのない仲間がたくさんできました。そして、たくさんの新たな自分にも出会わせてもらいました。

バリアフリー映画に携わるようになって目や耳の不自由な友人もできました。全盲の大河内直之先生は、「医学が進歩して、治療によって目が見えるようになるなら、うれしいですか？」と問われると、必ず、「いえ、このままがいいです」と答えます。視力を得ることで、とぎすまされた聴覚やそれまで耕された能力——耳から入る情報で空間や個体を把握するという視覚を補うべく発達した脳の領域が損なわれるのは、まったく本意でないというのです。なるほどと思いました。彼の空間認識力はすばらしいのです。

たとえば、六本木から一緒にタクシーに乗った際、「そこを左に曲がって、○○通りを行っていただいて、その先の○○交差点で右折して……」「いま、○○の辺りですよね」と、本当に見えてないの？　と言いたくなる的確さ。見えているわたしはさっぱりわからず、お任せ状態でした。また、彼は奇遇にも義妹と小学校の同級生で、ご実家から昔の通学路を辿ってうちに遊びに来てくれたことがありました。徒歩一五分の道のりを一人で、三〇年以上前に遊びにきたことのある家へ。「この辺の道も変わりましたね」と言われ、義妹も「え？　見えてるの!?」と感心するばかりでした。何人もが話していても、ちゃんと声で聞き分けます。記憶力もよく、それぞれの声と話し方で名前も個性も把握して対応してくれます。

わたしも含め、きっとほとんどの人は何かしら障がいらしきものを持っているのではないかと思います。でもそれを障がいと思うかどうか、不幸だと思うかどうか、個性だと受け入れてうまくつきあっていけるかどうかで、生き方や生きやすさがまったく違うのだと、彼らに教えてもらった気がします。

教える機会も増えてきました。子どもたちの成長過程で、あるいは受講者の知的好奇心や向上心に、提供できるものがあり、少しでも役に立てるのはうれしいことと思っていますが、教えているようで、教えられていることのほうが多いです。

人の話を聞き、自分で考え、それを伝えられる力をつけていくこと。それは、生きる力そのもの。

映画も同じです。

一つひとつ、作品には違うテーマがあり、背景があり、メッセージがあります。

その声を聴き、共感共鳴し、それを言葉と声にして、観る方々とまた一緒に共感するのが弁士。

それぞれの登場人物の立場に立つ。監督の意図をつかもうとする。

作品の舞台となっている時代、文化、歴史を鑑み、制作された時代の背景や当時の制作意図、観客の反応に思いを馳せる。そして、いま、現代にこの場所に生きるわたしたちがどう観るか、どう観たいかを考える。

ものの観方は一つじゃなく、表現も無限にある。

さまざまなことが、日常生活を豊かに生きるための訓練になっていて、自分自身が、日々、活弁に育てられていると思うし、失敗や苦悩や葛藤、歓喜……自分のさまざまな体験がまた、活弁に還元されていると思います。

「活弁」や「バリアフリー映画」を仕事にするなかで、人ももちろんですが、素晴らしい映画にたくさん出会うことができました。そして、一度だけでなく、繰り返し何度も、作品と対話するようにつきあうことができ、作品世界に遊び、学び、気づかされています。

たぶん、わたしが映画や演劇が好きなのは、建て前ではなく、本音の描けるメディアだからという気がします。小説や漫画もそうかもしれません。社会は建て前と矛盾に溢れていて、生きにくさを感じている人がゴマンといる。そんななかで、人間の本質をえぐりだして見せてくれる作品たちは、共感と救済、触発の領域を担っていると思うのです。そして時に、感動が行動になったりする。行動を促したくて熱い思いで映画を作っている方々のその熱を、受け止め伝えられる弁士でありたいと思います。

NHK時代、ラジオのリポートを編集しているときに、あるディレクターが言ってくれました。

「たとえ三分、五分のリポートでも、リスナーや視聴者が、そのリポートを見た、聞いた後に何か成長していいなくちゃならない」

問題意識、感動、気づき……。単に「笑った〜！　楽しかった！　ワクワクした」、そんな体験でもいいから、何か刺激、発見があってほしい。何か残ってほしい。そう思って、映画とコラボする日々です。いまやっている仕事はどれもわたしが漠然と望んだことですが、それがどこからどう降ってくるかはわかりません。

活弁でも、活弁じゃなくてもいい。降ってきたチャンスと自分が親や恩師から授かったものを、自分なりに一つ一つ活かしながら、人に喜んでもらえる仕事ができたらと……、欲を言えば、できるだけ多くの人に出会い、できるだけ多くの人に喜んでもらえたらと、願っています。

■6■カツベンの実際

【佐々木亜希子オリジナル活弁台本完全収録】

『カリガリ博士』

注：書体で以下のように区別しています。
途中からフランシスの一人称の語り（教科書体）で物語が進む
［字］は字幕。太字は字幕対応箇所（張り紙、書物も同様）

［字］**「カリガリ博士」はー、現代によみがえった一一世紀の伝説である。怪しげな修道士がー、夢遊病者を不思議な力で扇動したという……**

【とある中庭】

オリヴィエ卿「そういうことだよ、君」

［字］**「わたしの四方八方を取り囲む亡霊が、わたしを、健康や家庭、妻・子どもから引き離したんだ。**この亡霊どもが！」

　男は、自分の体験を話し終えると言った。

フランシス「オリヴィエ卿」

［字］「彼女は。**ぼくの婚約者です。**……ジェーン……」

［字］「**彼女とわたしが体験したことは、いまあなたが語ってくれた話以上に恐ろしい……あなたにお話ししましょう。**思い出すだけで恐ろしい……」

［字］「ぼくの生れた、**故郷ホルシュテンヴァル**での出来事です……」

　そう言って、フランシスというその男が語り出した。

【小さな町】

　山のふもとの小さな町**ホルシュテンヴァルで、お祭りが開かれました。**

　旅まわりの大きな興行が来て、町外れに、たくさんの見世物小屋が建ちました。その一行とともに、一人の……

［字］　**ある香具師がやって来たのです。**あの男が……

　ずんぐりした体にシャーロックホームズばりのインバネスコート、山高帽。ステッキを手におぼつかない足取りで、白髪はお茶の水博士のようにもっさり伸び、丸メガネの中の目は狡猾そのものでした。ああ、思い出すだけで恐ろしい……

【アランの家】

ぼくには、［字］**アラン**という親友がいました。同じ大学の学友でした。

彼は本が好きで、神経の細やかな男でした……夢想家で、高い理想と少年の心を合わせもっていました。勉強熱心でほとんど出かけない奴でしたが……その祭りに行こうと誘ったのは、彼のほうでした。

——書を捨てよ、町へ出よう——

窓の外から聞こえてくる祭りのにぎわいが、珍しく彼をワクワクさせたのでしょう。ぼくを誘いにやってきたのです。

口上屋「さあ、さあ、どうぞ。おなじみの出し物から、新顔の大道芸人まで　今年も盛りだくさんだよ！」

［字］「**ホルシュテンヴァル祭へ、みなさま、ぜひお越しを！**脅威、驚嘆、奇跡の数々。すべてのショーが斬新だ！」

アラン「やあ、フランシス、せっかくの天気だ。祭りへ行かないか。斬新なショーばかりとある。観てみたいじゃあないか」［字］「なあ、**フランシス。祭りへ行こう。**さあ、さあ」

フランシス「わかったよ」

あんな出来事が起ころうとは思いもしませんでした。

【役場】

役人「何ですか？」

カリガリ「この祭りの責任者はどこです？」

役人　［字］「ああ。今日は市の係官は機嫌が悪い。祭りの手続きがあまりに多くて忙しいんだから、手短にしなさい」

カリガリ「私はこういう者です」

役人　［字］「**ドクター・カリガリ……**、お待ちなさい」

役人「来客です。頼みがあるそうです」

カリガリ「あの……」

係官　［字］「**待て！**立てこんでいるんだ……**待てといっただろう！**座っていろ！」

カリガリ「あの」［字］「祭りでの営業許可をいただきたいんで

すがね、私の特別なショーを披露させていただきたいのです」
係官　[字]「**どんな見世物だ?**」
カリガリ　[字]「**眠り男で……**」
係官　[字]「は!**ペテン師か!**おい!」
カリガリ「なに……?」

【祭りの会場】

ホルシュテンヴァルの町は、年に一度の祭りに沸いていました。

回転するメリーゴーラウンド。三角テントの中で繰広げられるさまざまなショー、街頭のサルの見世物……。大人から子どもまで、この時期は町の人々のほとんどが祭りに出かけ、小さな町に人があふれました。

あのカリガリ博士も、祭りでの営業許可をもらってやってきました。「**カリガリの箱**」という見世物小屋を出して、「**眠り男の予言**」を始めたのです。

【カリガリの見世物小屋】
鐘〈ガランガラン〉
カリガリ「さあさあ、お立合い!みな、こっちへ寄りなさい。これからご覧に入れるのは、箱の中で長年眠りつづける男チェザーレだ」
[字]「**さあ、いらっしゃい。驚異の眠り男チェザーレ!この男の眠っている年月は、聞いて驚くなかれ、なんと二五年間!この不思議な男が目を覚ます瞬間をご覧に入れよう**」

[字]**その夜から、奇怪な連続殺人事件が始まったのです。**

【係官の家】

[字]　**犠牲者第一号は、市の役員、祭りの責任者であるあの係官でした。**

だれが何のために殺したのか……そのときは、警察も検討がつきませんでした。


【祭りの会場】

ぼくとアランは、久し振りのお祭に気分が昂揚していました。

女性客「きゃあ、見て!日本から来たサルの次郎だって」

「やだ~、かわいい。反省。反省!」

「くだらないこと言って！　ほらー、会場ひいてるじゃない、反省！」

【カリガリの見世物小屋】

　鐘〈ガランガラン〉

カリガリ　[字]「さあさあ、いらっしゃい、**さあ、お立ちあい！**　眠り男チェザーレが、二五年の眠りから覚めますぞ！前代未聞、箱の中で二五年間眠りつづけている男が、まさにいま目覚めようとしておる。これを見逃す手はない。さあ、驚異の眠り男チェザーレの目覚める瞬間を、あなたもその眼でごらんなさい。さあさあ！百聞は一見にしかず」

「さあ、中へ中へ！お入りなさい、どうぞみなさま、ごゆるりとご覧あれ！」

アラン「おい、面白そうじゃないか。フランシス、ここへ入ろう」

[字]　**カリガリ博士の小屋**

　アランに誘われて、ぼくたちはその小屋に入りました。

　鐘〈ガランガラン〉

カリガリ「さあ、みなさんようこそいらっしゃいました。いまからご覧に入れるのは、不思議な能力を持つ、眠り男のチェザーレ」

（カーテンを開ける）

　眠っているなら横になっていると思うだろうが、なんと立ててある！

「彼はこの棺桶のような箱の中で、二五年という長い間ただひたすら眠りつづけているのです。その男が、いままさに、目を覚ます瞬間をご覧に入れましょう」

カリガリ「さあ、これがチェザーレだ。身長一七〇センチ、二五年前の肉体そのままだ」

[字]「さあ、**目を覚ませ。チェザーレ。ご主人さまの私の命令だ**。カリガリ。お前のご主人さまだ。チェザーレ、さあ、目覚めるのだ」

　会場が息をのみました。

二五年間もただ眠りつづけているだけというその不気味な男、

　青白い顔をした死人のような男が、カッと目を見開き、我々の方に向かって、ゆらゆらと歩いたのです。

フランシス「生きた人形のようだ……」

カリガリ「驚くのはこれだけではないのですぞ。[字]　**みな**

さん。彼は、すべてを見通します。過去現在未来……将来を占ってもらいなさい。自分の運命を知りたい者は？このチェザーレがお答えしますぞ」
アラン「訊いてみよう、フランシス」
フランシス「アラン、よせよ」
アラン「知りたいんだ」
フランシス「アラン！」
アラン［字］「**ぼくの寿命はどれほどだ。**何歳まで生きられる？……」
眠り男［字］「**短命だ。夜明けには死ぬ**」
アラン「なんだって？」
　夜明けに死ぬなどと、悪い冗談にもほどがあると、ぼくは怒りを覚え、アランを連れてその小屋を出ました。

【街の通り】
　暗くなった帰り道、ガス灯に灯りがつくころ、ぼくたちは町で一枚の張り紙を目にしました。
　張り紙〝**殺人犯に懸賞金**〟
フランシス「昨夜の殺人犯の首に、懸賞金がかかってる！」

　そこへ、彼女が、ジェーンがやってきました。ジェーンは、大学教授の娘で、ぼくもアランも、彼女に好意を抱いていました。
ジェーン「アラン、ごきげんよう。フランシスも」
フランシス「祭りの帰り？」
ジェーン「ええ」
フランシス「じゃあ、家まで送るよ。女性一人じゃ夜道は危ない」
　ぼくたちは、二人で彼女を家まで送りました。ぼくたち三人はうまくやっていたのです。……あの男が来るまでは。

［字］　彼女を送った**帰り道で**……

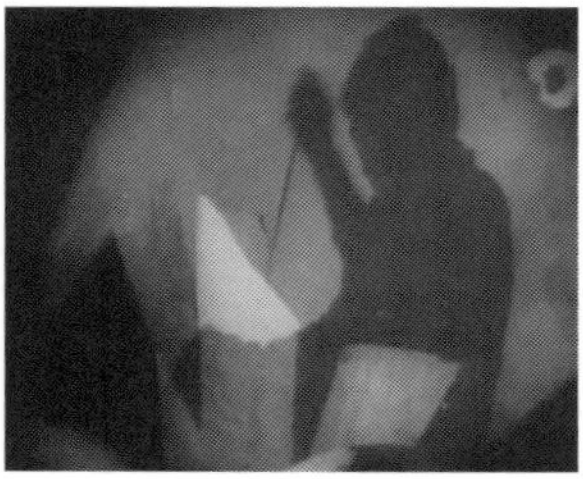

フランシス［字］「アラン、ぼ**くたちはお互いに彼女を愛してる。だが、彼女がどちらを選ぼうが、ぼくらの友情に変わりはない。ずっと友だちでいよう**」
アラン「フランシス。もちろんだ」
　固く手を握って別れた、
［字］その**夜**でした。アラ

ンが、アランが……何者かに……。

【アランの部屋】

(アランがベッドで侵入してきた黒い影に刺される)

【街の通り】

あくる朝、アランの家の女中が血相を変えてうちにやってきました。

【フランシスの部屋】

女中 [字]「フランシスさま、**フランシスさま！アランさまが**、亡くなりました！**殺されたんです！**だれかに……」

フランシス「そんな……そんな。嘘だ」

女中「首を刺されて……」

フランシス「アラン……アランは！？」

女中「お部屋のベッドで……」

【アランの部屋】

首を一突き。本当に無残な殺され方でした……。

(なぜ……。なぜあの善良な青年アランがこんな目に……恨みなど買うはずがないのに)

そのとき、ふと脳裏をよぎりました。そうだ……

[字] **あの眠り男の予言だ！**

【警察】

ぼくは警察に駆け込みました。

フランシス「アランが、アランが！ぼくの親友が殺された……」

警察「殺された？」

フランシス「そうです。首を鋭い刃物で一突き、昨夜の殺人と同じ手口です！われわれの……われわれの周囲に、[字]**何か恐ろしいものが渦巻いている**」

フランシス「警戒しなくては。早く、犯人を捕まえてください……早く……」

これは、無差別連続殺人ではないか……だとしたら、次は、ぼくたちかもしれない……。ぼくは、アランを失った悲しみと、恐怖で、頭が割れそうでした。そうだ、ジェーン、ジェーンのところへ。

【ジェーン宅】

ジェーン「フランシス。フランシスどうしたの？顔色が悪いわ。……何かあったの？」

フランシス「アランが、アランが死んだ」

ジェーン「！どうして、こんな突然」

フランシス「殺されたんだ」
ジェーン「そんな！」
フランシス「首を一突き……即死だった。アランは、人の恨みを買うような奴じゃない」
ジェーン「それは、わかってるわ……」
　当然、教授も驚きました。
教授「本当か、アランが！」
フランシス「教授、アランを殺したのはきっとあの眠り男です。」
教授「なぜ」
フランシス「彼は、アランの死を予言しました。彼に違いない……。違うと?」
教授「……いや」[字]「**君の疑念はあたっているようだ。警察に許可をもらって我々で彼を取り調べるとしよう。**すぐにでも。証拠をつかむのだ」
フランシス「ええ」

【街角のアパート】

[字]　そして、**あたりが深い闇に包まれたころ……も**う一つの事件が起きたのです。怪しげな髭の男が現れ……
老婆　[字]「**助けて！助けておくれ！殺人鬼が出た！人殺し！だれか！**」
髭男「ち！」
男たち「待て！殺人鬼、おとなしくしろ！」
　一人の男が捕えられたのです。
　ぼくと教授はそうとは知らず、カリガリと眠り男チェザーレのところへ急ぎました。

【カリガリの宿泊小屋】

　二五年眠り続けていたというチェザーレですが、一度目覚めたせいなのか、どうやら意識はなくとも口に運ばれた食事は摂取しているらしく、ちょうどカリガリが食事を与えているところでした。

フランシス「教授、ここです〈トントン〉すみません」
〈トントントン〉
フランシス「すみません」
カリガリ「何か?」
フランシス「チェザーレはここにいますか。警察の許可で取り調べに来ました」
カリガリ「取り調べ?……調べるがいい。さあ　どうぞ」

【警察署】
　一方、捕えられた現行犯は、警察署に連行され、取り調べとなっていました。
村男1「もう逃げられんぞ。全部おまえがやったんだろう、白状しろ!え?俺が二人殺しましたと」

村男2「なんの罪もない市の係官、未来ある青年を殺した罪は重いぞ!」
村男3「悪いと思うなら、すべて正直に話すんだな」
髭男「……」
警官「これが、何よりの証拠だ。これで殺したんだろう。放り込め」

村男たち「間違いない」「奴に違いない、連続殺人犯だ。このナイフで」

【カリガリの宿泊小屋】
　眠り男は、いくら呼んでも怒鳴っても、眠ったままでした。上体を起こしているのに、です。
教授「眠ったままだ……おい、起きろ。おい」
[字]「**彼を起こせ!**」
カリガリ「くっく……」
　そのとき。
「号外!号外!」
フランシス「なに!?教授!これを!」
[字] **ホルシュテンヴァル殺人事件、犯人　逮捕さる!**
三度目は未遂に終わる。
教授「なんだって!」
カリガリ「おひきとり願えますかな」
　連続殺人犯逮捕!確かめないわけにはいきません。慌てて去っていくわれわれを、あのカリガリは……ほくそ笑んで見送ったに違いありません。

【ジェーン宅】
[字] **ジェーンは、なかなか帰ってこない父親の身を案**

じていましたが、教授とぼくは、とにかく犯人が捕まったと聞いて、一刻も早くと警察へ確かめに急ぎました。

【警察】

髭男　[字]「**確かに、俺はばあさんを殺そうとしたさ。**そいつは事実だ」

フランシス「アランを殺したのか!殺したのか!」

[字]「**例の謎の殺人鬼の仕業にみせかけるつもりだったん**だ……」

髭男　[字]「**だが、誓って言う。俺は前の二件の殺人とはまったく無関係だ。**神に誓う。俺はやっちゃあいねえ。やっちゃあいねえんだ」

その男は、人殺しはしていないと言い張りました。

【祭りの会場】

その夜更け、ジェーンは、暗く静まり返った町はずれに、戻ってこない父親を探しに出ました。

見世物小屋が並ぶ祭りの通りも人影がなく、もうひっそりしているなか、彼女は、あのカリガリの小屋へ……

【カリガリの見世物小屋】

ジェーン「はっ!」

カリガリ「お嬢さん、どうしました?」

ジェーン　[字]「あの……**父のオルセン博士を探しているんです。**ここで見つかるかと思って……」

カリガリ「いや……　[字]　ああ、**なるほど、**教授なら、いらしてますよ。すぐに戻るでしょう。**奥でお待ちになってはいかがです。**さあ、どうぞ、中へ。中でお待ちなさい」

カリガリ「いいものを見せてあげよう。これが、私のチェザーレだ。チェザーレ、さあ。目を覚ませ」

そこで彼女は、あの眠り男を初めて見せられたのです。その、死んだような、青白い気味の悪い男が目を見開いて自分を見つめるのを……。

ジェーン「あ、ああ……」

【教会を出て】

[字]　アランの**葬儀の後……**　まだアランの死を受け入れられないまま、ぼくと、彼女と教授は、言いようのな

い憤りと恐怖を抱えて、
[字] **再び夜**を迎えました。

【カリガリの宿泊小屋】

――絶対に、あの二人だ。カリガリと、眠り男に違いない！　ぼくは、カリガリ博士と眠り男を見張ることにしました。

その夜は、見世物小屋には……姿は見えず。宿泊テントへ行ってみました。博士も、箱の中のチェザーレも、静かに眠っているようでした。


【ジェーンの寝室】

しかし……そのころあの眠り男は。こともあろうに彼女を殺しに……。

どこから入ったのか、(立派な教授のお宅がそんなに防犯対策が甘かったとは思いませんでしたが、ともかく) 眠り男は、だれにも気づかれず、まんまと彼女の部屋に忍び込んだのです。鋭い刃物を持って。

ジェーン「ひ！あああ、だれか！」

使用人「いまのは、お嬢さまの声！」

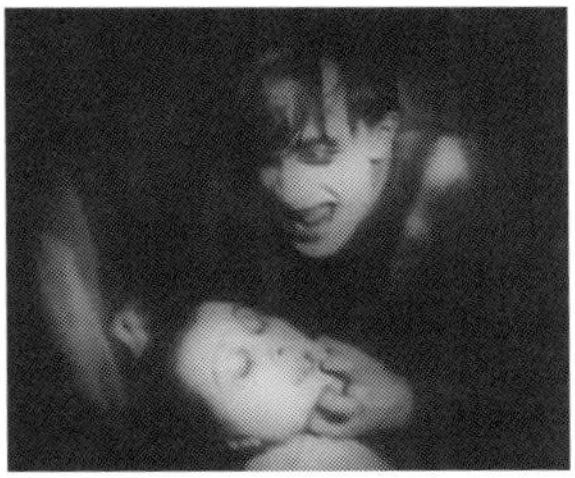

彼女の寝顔があまりに美しく、殺すのが惜しくなったのでしょう。男は、ジェーンをさらって逃げ出したのです。

彼女はあまりの恐怖に気を失ってしまいました。

使用人たち「お嬢さま！お嬢さま！」「まあ！お嬢さま！」「お嬢さまがいない！」

「だんなさま。お嬢さまが！」

教授「ジェーン」

【邸宅の外】
使用人たち「あそこだ！」「お嬢さまをさらった奴が！」「お嬢さま！」
教授「ジェーン！」「追いかけろ！」

【起伏のある道】
使用人「あっちだ。待て！」

だが、長い間ただ眠っていた青白い男に、人間を抱え

て遠くまで逃げるほどの体力など、あるはずがありません。

教授「大丈夫か」
使用人「お嬢さま！」
教授「ジェーン！」
男たち「逃がすな！追え追え！」
使用人「お嬢さま、しっかり」

そして、夜明けの到来とともに……チェザーレは、日の光を浴びて、力尽きました。

【ジェーン宅】

一晩見張って何もなかったと教授に伝えに行ったぼくは、ジェーンが襲われたことを知って、驚愕しました。

フランシス「大丈夫か、ジェーン！いったいどうしたんだ……」
ジェーン［字］「……**チェザーレ**よ！　チェザーレ！」
フランシス「そんなはずはないよ」
ジェーン「いいえ、襲ったのは彼よ……」
フランシス［字］「そんな……いや、**ありえないことだ。ぼくは夜通し、彼が箱の中で寝ているのを見張っていたんだ。**君を襲ったのがチェザーレであるはずがない……」
ジェーン「いいえ、あれは確かにチェザーレよ！」

ぼくは警察へ走りました。

【警察】

フランシス「昨夜、ジェーンを、オルセン嬢を襲ったのはだれです！　彼女はあの眠り男だと言う。だが、ぼくは、一晩中彼を見張っていたんだ……おかしい。どういうことだ」
［字］「**捕まった容疑者は、ちゃんと留置所でおとなしくしているのか！**」
警察１「彼は鎖につながれている」
警察２「監禁されとるが？」
フランシス［字］「**だといいんだが……彼の様子を見ましょう**」

【留置所】

ぼくはあの、前日に捕まった男の仕業ではないかと推測したのですが、彼は確かに牢に監禁されていました。

フランシス「では一体……？」

【カリガリの宿泊小屋】
　ぼくはもう一度、警察と一緒にカリガリ博士を訪ねました。
〈トントントン〉
カリガリ「なんですか?」
警官「チェザーレは?」
カリガリ「彼はいま、眠っている。[字]**どうかそっとして**おいてやってくれ……」
警官「あなたのところの眠り男に襲われたという者がおりましてな。念のため、取り調べを」
　カリガリは明らかに動揺していました。
フランシス「これは……人形。人形じゃないか!　はっ!博士が!逃げた!待て!」
　やはり、あの眠り男が、殺人の真犯人だったのです。そして、彼を操っていたのは、カリガリ博士……!　許せない!
フランシス「待て!カリガリ!」
【病院の外観】
　しばらく追いかけて、彼が姿を消したのは、町から隔離された精神病院でした。そうか、そういうことか、彼はここの患者だったのか、と。腑に落ちた気がしました。
【病院の中・ホール】
フランシス　[字]「あの、**カリガリという名の患者はいますか。**確かにここに入ったはずなんです」
医師1「いや」
フランシス「ぼくは彼を追いかけてここに」
医師1「しかし」
フランシス「カリガリと名乗る患者がここにいるはずだ。教えてください」
医師1「どうします?」
医師2 [字]「**患者の身元を知っているのは、院長だけです。院長に、ご面会なさいますか?**」
フランシス「ええ」
　ぼくは、院長室に急ぎました。カリガリを突き止めるのだと。
医師2「こちらです」
【院長室】
　だが、院長室にいたその男は—
フランシス「カリガリ!なぜあなたがここに」

そこにいたのは、カリガリだったのです。
なんということだ……

【病院・ホール】
医師たち「大丈夫か。どうしたんです」「君！しっかりなさい」
フランシス「なぜ、院長室にあの男が」
医師「院長室には院長しかおりませんが」
フランシス　[字]「いや、**しかし……彼こそがカリガリなんです！**　間違いない、彼は眠り男を操って、市の係官とアランを殺したんだ。そのうえジェーンまで……彼は殺人事件に関わっているんです」

【院長室】
[字]　**カリガリが眠っている間……**
ぼくと医師らは、院長室を調べることにしました。
フランシス「疑念をはらしましょう」
医師「し～っ。いまなら大丈夫。院長はしばらく起きません」
カルテや精神医学の本、資料がたくさんありました。

気味の悪い骸骨の後ろ、秘密の戸棚には、一冊の古い書物が。

フランシス「これは……」
[字]　**〝夢遊病　一一九六年刊行〟**
医師　[字]「**これは、院長の特別研究テーマです**」
フランシス（夢遊病、カリガリが続けてきた特別研究……）
そこには、彼の行動を裏付ける恐るべき事実があったのです。

[字]　**〝カリガリ博士の箱**
一〇九三年、カリガリという名の修道士がいた。夢遊病者とともに旅をしていて、北イタリアの小さな町を訪れた。その夢遊病者はチェザーレといい、木の箱に入れられ、常に眠っていた〟

フランシス（チェザーレ、眠り男だ！）
〝カリガリは、夢遊病者のチェザーレを完全に操り、力を吹き込んで、彼を道具に自らの欲望を実現しよう

とした。夢遊病者を利用して自分の実験的な構想を具現化させていったのである。以降、彼らの訪れる町では、次々と奇怪な同じ手口の殺人事件が起きた。〟

フランシス（どういうことだ？　一〇九三年に？）

［字］〝臨床記録〟

医師「院長の記録です」

［字］〝三月一二日。今朝ついに、待ち望んだ夢遊病患者が当精神病院に到着する！〟

〝色が白く、繊細な、この若い夢遊病患者は、あの、一一世紀末のカリガリが操った男チェザーレ、私が思い描いていたチェザーレそのものだった。私は興奮した。彼と二人きりになってその顔を見つめていると、さまざまな可能性が湧いてくる。私が続けてきた、夢遊病とそのコントロールに関する研究、いま、その実験体ともいうべき男が手に入ったのだ！　長年の悲願が叶う。これで、カリガリ伝説の医学的な謎も解けるだろう〟

［字］〝いまや、私の行く手を阻むものは何もない。私にはすべてが可能だ。カリガリという修道士がやったように、意識下で押し殺されている潜在的な欲望を行動に移すよう、夢遊病者を導くのだ。……殺人も、できるだろうか……？　殺人も、できるにちがいない。〟

［字］〝誘惑が襲った。〟

［字］〝私は知ってしまった。私はカリガリになるのだ。カリガリと同じように、夢遊病者の潜在的欲求を支配し、行動に移させる。伝説のカリガリと同じやり方で！私の研究の完成だ！〟

〝カリガリ、カリガリ……カリガリ。カリガリになるのだ！〟

医師たちはみな愕然としていました。

フランシス「これが、事実なんです」

そこへ

警官「たいへんです。［字］あの眠り男が、谷間で死んでいるのが見つかった！」

フランシス「なんだって！チェザーレが！？」

【坂道】

日の光に当ったチェザーレは、そこで息絶えていました。

チェザーレが死んだ……

ふっ。カリガリの野望も、これでお終いです。これで。

フランシス「それを運んでくれ」

そう、チェザーレの死を、カリガリに突き付けてやるのです。

【院長室】

フランシス　［字］「**すべての幕が降りました。カリガリ博士！**」

フランシス「あなたのチェザーレは、先ほど死体で発見されました」

カリガリ「なんだって！そんなばかな！　そんなことがあるはずがない」

フランシス「ごらんなさい！」

カリガリ「チェザーレ、チェザーレ……！わしのチェザーレを、よくも！よくもお前たち……」

カリガリ「放せ！こら、放しなさい！」

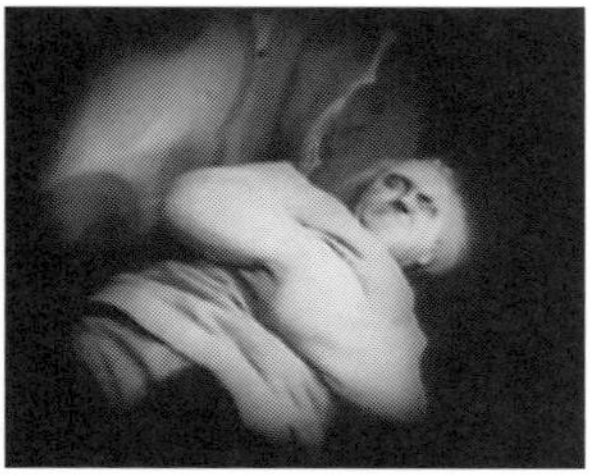

医師たち「押さえろ！」「拘束衣を着せろ！」

カリガリ「このわしに何をする！」「放せ！」

医師「精神安定剤を打て！」

取り乱したカリガリは、取り押さえられ、拘束衣を着せられたのです。

こうして、カリガリの正体は暴かれました。

院長が、一一世紀の伝説のカリガリという人物になりきり、同じ犯罪を繰り返した。夢遊病者を実験体にして、人を操るという欲望を満たしていたのです。

【中庭】

フランシス「これが、犯罪者カリガリにまつわる一部始終です。

［字］**いまでは、彼は、鎖につながれた精神異常者です。**うわ言をいいながら、狂人として、独房に収容されています」

オリヴィエ卿「そうでしたか……。いや、寒くなりました。日も傾いてきた。中へ入りましょう。中庭では少し寒い」

【ホール】

中へ——

そこには……うつろな目をした彼女、その建物は、さっきフランシスが語った病院である。

怒りの奇声を上げつづける男……

ないピアノを弾き続ける

女。

そして……

フランシス「は！**［字］見てください。あそこにいるのがチェザーレです。彼に予言させたら、あなたは死んでしまう！**」

フランシス　［字］「**ジェーン。愛してるよ。いつ、結婚してくれるんだい？**」

ジェーン　［字］「**王家の血をひく私たちに、勝手は許されないわ……。**心のままに生きるなんて……」

フランシス「ああ！やつだ、院長、いや。カリガリ……　カリガリ！現れたな！

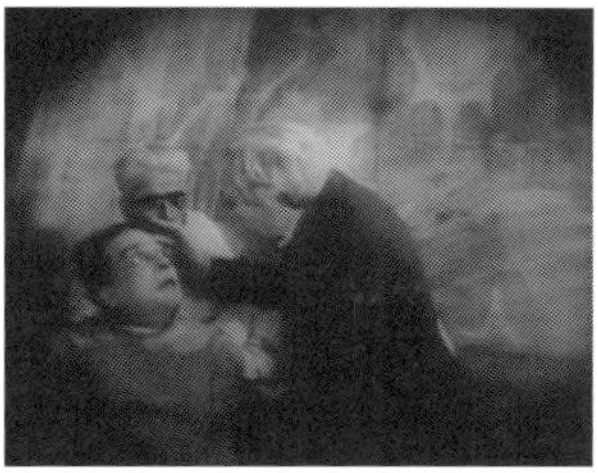

［字］愚か者たちよ！彼はぼくたちの運命を操ろうとしているんだ！ぼくたちの命は夜明けまでだ！夜明けには彼に殺されてしまう！」

フランシス　［字］「**彼がカリガリだ！**」

カリガリ「君、やめなさい！」

フランシス「放せ！こいつがカリガリだ！こいつが……」

医師たち「抑えろ！抑えろ！」「早く、拘束衣を着せろ！」

フランシス「ぼくたちみんなを……」

医師たち「鎮静剤を！」

フランシス「放せ！放せ～！」

【院長室のベッドに拘束されたフランシス】

カリガリ「よしよし、少し落ち着いたかな。あとでまた、精神安定剤をやろう。なに？私がカリガリだって？そうかもしれんな、よしよし」

カリガリ「ようやく、わかった。

［字］ようやく、彼の妄想がわかった。私を伝説の人物、謎のカリガリだと信じ込んでいるのだ。驚いたが……、しかしこれで、彼の治療ができそうだ」

そういって院長は、安堵の笑みをもらした。

完

『カリガリ博士』（Der Cabinets Dr.Caligari）一九一九年、独、五〇分：六七分、監督：ロベルト・ヴィーネ、脚本：カール・マイヤー、ハンス・ヤノヴィッツ、出演：ヴェルナー・クラウス、コンラート・ファイト、フリードリヒ・フェーヘル、リル・タゴファー

◆ドイツ表現主義映画の先駆。一切がデフォルメされたハリボテの奇妙に歪んだセット。芸術的評価も高く、第一次大戦後のドイツ映画を世界的にした歴史的作品である。

二人の脚本家が戦争への憎悪や権力への反発について共鳴し、「眠り男を操って殺人を行わせるカリガリ博士」を、「人民を盲目的に戦争に駆り立てる権力の象徴」として描いた。製作側により後からプロローグとエピローグが加えられ、物語を語る青年の妄想という形になったことで、より不気味さと錯乱した時代、人間が際立っている。

ドイツ語版、英語版、登場人物の名前や字幕が違うさまざまなフィルムが存在し、わたしもこれまで三種類のフィルムで語っている。どれも青年の一人称で語り進める形。本書の原稿は、三種類の活弁台本を合わせ、できるだけ読みやすいよう再構成した。ところどころで笑いもいただきつつ、「怖かった」といわれる作品である。

俊太郎が活弁する

主人公染谷俊太郎（成田凌）

映画『カツベン！』

「映画にまだ音がなかった時代、映画館は活動弁士の声、楽士の演奏する音楽、観客の歓声、かけ声、野次、そして涙と笑いに溢れていた。当時の映画館は、ライブパフォーマンス会場だったのである。」周防正行

映画『カツベン！』が二〇一九年一二月、公開されました。周防正行監督五年ぶりの新作となる『カツベン！』は、活動弁士と日本映画の未来を夢見た人々を描いた作品です。映画の歴史の始まりともいえる大正時代の雰囲気そのままに、活動弁士を志す若者と弁士たち、活動写真の興業がリアルに描かれ、そのなかに恋とさまざまな人間模様が浮かび上がります。長年の周防組の助監督、片島章三さんが二〇年来暖めた脚本。これが周防正行監督たちの手によって、世界に類のない極上エンターテイメント、映画『カツベン！』となりました。

酒浸りの弁士山岡秋聲（永瀬正敏）

活弁を楽しむ観客たち

【データ】

監督：周防正行、脚本・監督補：片島章三、撮影：藤澤順一、編集：菊池純一、音楽：周防義和　主題歌：奥田民生「カツベン節」

出演：成田凌、黒島結菜、永瀬正敏、高良健吾、音尾琢真、徳井優、田口浩正、正名僕蔵、成河、森田甘路、酒井美紀、シャーロット・ケイト・フォックス、上白石萌音、城田優、草刈民代、山本耕史、池松壮亮、竹中直人、渡辺えり、井上真央、小日向文世、竹野内豊ほか

制作：アルタミラピクチャーズ、製作：「カツベン！」製作委員会、配給：東映、一二七分、二〇一九年一二月一三日公開

【あらすじ】

子どものころ、活動写真小屋で見た活動弁士に憧れた染谷俊太郎（成田凌）は、「心を揺さぶる活弁で観客を魅了したい」という夢を抱いていた。だが大人になったいまでは、ニセ弁士として泥棒一味の片棒を担ぐ毎日。そんな生活に嫌気がさした俊太郎は、泥棒一味から逃亡し、とある小さな町の

追いかける刑事（竹野内豊）と追われる泥棒（音尾琢真）

映写技師（成河）と俊太郎

映画館「青木館」に流れつく。
そこは、隣町のライバル映画館に客も弁士も引き抜かれ閑古鳥が鳴いていた。そんな青木館で雑用として働くことになった俊太郎は、本物の活動弁士になると心に誓う。だが、そこは、人使いの荒い館主夫婦（竹中直人と渡辺えり）、酔っぱらいの活動弁士（永瀬正敏）、傲慢で自信過剰な活動弁士（高良健吾）、気難しい職人気質な映写技師や楽士たちなど曲者だらけの世界だった。
さらに、泥棒たちから奪った謎の大金をめぐって、俊太郎を狙う泥棒の親玉（音尾琢真）、悪人を追う熱血刑事（竹野内豊）にも目をつけられ、追われる羽目に。そんななかで、子どものころに夢を語り合った幼なじみの初恋相手、栗原梅子（黒島結菜）に再会する。ライバル館の親子（小日向文世、井上真央）の妨害、弁士や楽士たちとの争いなども重なり、前途多難の俊太郎。映画館を舞台に、さまざまなドラマが繰り広げられるのだった。

映画の中の映画

主人公たちがお金がなくもぐり込んで活弁を見た子ども時代に、撮影

『国定忠治』

ニセ弁士に扮する俊太郎

現場に紛れ込んだり、さまざまな弁士による活弁上演など、「カツベン」そのものの魅力がふんだんに盛り込まれています。ライバル館主に捕まって危機一髪、逃げるは追うはのスラップスティックコメディなど、当時人気の活劇映画の雰囲気を生かしながら、そのなかに映画に対する強い愛が浮かび上がります。だれでも大笑いしながら、ちょっとうるっとする、『カツベン！』は、そんな映画本来の魅力に溢れた作品です。

映画『カツベン！』には多くの無声映画が登場します。実際の当時の映像は、阪東妻三郎の不朽の名作『雄呂血《おろち》』（一九二五年）だけで、他は再現版とオリジナルの無声映画がつくられました。映画の中で再現されたのは『金色夜叉』（一九二三年）、ロン・チェイニー主演の『ノートルダムのせむし男』（一九二三年）、セシル・B・デミル監督『十誡《じっかい》』（一九二三年）、栗島すみ子主演の『不如帰《ほととぎす》』（一九二二年）、アラ・ナジモヴァとルドルフ・ヴァレンチノ共演の『椿姫』（一九二一年）、澤田正二郎の『国定忠治』（一九二四年）と傑作ぞろいです。『不如帰』や『国定忠治』、『十誡』などはその最も有名なシーンを再現し、『ノートルダムのせむし男』の特殊メイクや『椿姫』のセットなど、当時を彷彿とさせる

『火車お千』

『椿姫』

ようディテールにもこだわっています。

さらにオリジナルの脚本・演出による新作活動写真『怪猫伝』、『後藤市之丞』、『火車お千』、『南方のロマンス』が彩りを添えます。これらも、『怪猫伝』は、目玉の松ちゃんこと尾上松之助主演でスチル写真一枚しか残らない『怪鼠伝』（一九一五年）、『後藤市之丞』も同じく松之助の失われた『後藤半四郎』（一九一五年）などを背景につくられています。また後年の『火の車お万』（一九五四年）を下敷きにした『火車お千』、「春や春、春、南方のローマンス」という活弁の名調子で有名な『南方の判事』（一九一八年）に基づく『南方のロマンス』など、どれも活弁の歴史をふまえた遊び心ある作品です。

そして、無声映画の撮影場面が物語に生かされて、劇中劇、映画中映画の入れ子構造の画面から、人々が飛び出すように活躍します。その巧みな演出が映画のエネルギーを強く感じさせ、観客を感動へ導きます。劇中無声映画のキャストも、『南方のロマンス』のヒロインのシャーロット・ケイト・フォックスなど、城田優、上白石萌音、草刈民代らがそれぞれ活動写真に出演し、「ああ、実はあの人だった」と見破るように

『怪猫伝』

楽しめます。そしてこれらの無声映画を、俊太郎たち弁士が、時には一つの作品を異なる調子で語るところも、活弁の魅力を伝える大きな見所といえるでしょう。

この映画には多くの現役の活動弁士が関わっています。声色掛け合い弁士として何人かが登場していますし、大先輩、恩師である澤登翠さんが監修を行い、片岡一郎さん、坂本頼光さんが役者の活弁指導にあたられました。わたしは、この映画の音声ガイドを担当させていただいています。まずは劇場で、ぜひご覧ください。

映画『カツベン！』に思う

周防監督がシネマート新宿での活弁上映に足を運んでくださっているのに気づいたのは二〇一七年の暮れでした。いま思えば、この映画のためのリサーチだったのでしょう。二〇一八年一月の『つばさ』（一九二七年）、二月の『椿姫』の上演の際には、スタッフの方々とご覧くださいました。

あのときの『椿姫』が、映画『カツベン！』で新たに撮りなおされて劇中劇になっているのを拝見して、思わず試写会で子どものようにはしゃぐところでした。当時の大女優アラ・ナジモヴァの役マルギュリットを、大好きな草刈民代さんが演じていて、それがまた格別に美しかったのです。ナジモヴァの蜘蛛の巣のような大きなモジャモジャヘアもそのまま踏襲していて、それでも品格を感じさせる娼婦マルギュリット。さすがでした。監督が先日、「なんで草刈さんの頭、あんなモジャモジャにしたんですか」と聞かれて「当時の『椿姫』を演じたアラ・ナジモヴァという女優の髪型なんだ」と言ったと、笑っていらっしゃいました。オリジナルを知る人は多くはいらっしゃらないかもしれませんが、『椿姫』だけではなく、いくつもの劇中無声映画が、オリジナルとそっくりのセットとアングルで、同じ衣装とヘアスタイル、しぐさ、表情まで再現してあり、その遊び心にこちらもフフとほくそ笑んでしまいました。

映画の冒頭は、黒い画面に先にカラカラとフィルムの回る音がして、白黒のサイレント映像で始まります。少年である俊太郎たちが、「種取り」と言われる活動写真の撮影現場見たさに駆けていくシーンです。

「早よ行かな種取り終ってまうで」「種取りって何?」「活動写真撮ってるっちゃうこっちゃ」竹林を抜けて足が止まる。ん? 着物姿の女が立木で立ちション!? と思いきや、白塗りした男。

「何見てんねや!」と怒鳴られ、わ! 逃げろ! と逃げ出す少年たち。

——タイトル『カツベン!』

このタイトルまでに、ひと笑いとともに、少年たちの活動写真への憧れと、まだ男が女役を演じていた時代が示され、物語のスタートです。

その一九一五(大正四)年の撮影風景がまた笑えます。撮影を大声で仕切る監督は、日本の映画の父と言われた牧野省三(劇中に名前は一切出てきませんが)。山本耕史が演じています。まだ数日で一本の短編映画を撮っていた時代。そう撮りなおしもできません。お日さまが雲に隠れれば、役者はそのままストップして日が出るのを待つ。セリフは上映の際活動弁士がつけるので、役者たちは、「いろはにほへと、ちりぬるを、わか～!」と言いながら見栄を切ったり、その侍に女形が

「よたれそつねならむ……」と言いながらすがったり。いたずらな少年たちは、撮影現場に犬を放りこんで警官に追いかけられるはめになり、逃げ惑ううちに、撮影中の斬られ役の上に倒れ込み、そのままそのシーンが映画になってしまう顛末。

冒頭だけでもわかる、映画史的な背景に基づいたドタバタの面白さが、全編を貫いているのだからたまりません。日本の初期の映画産業、興行の様子もうかがい知れて、活劇としてドキドキハラハラ楽しめて、夢とロマンス、人情もあって……。

俊太郎と梅子が手をつないでタチバナ館から逃げていくシーンは、チャップリンの『モダンタイムス』のラストシーン、俊太郎の自転車が突然バラバラになるシーンは、キートン作品を彷彿とさせます。活弁華やかなりし時代を描いたこの映画には、この活弁時代と、「活動写真」と言われたころの無声映画と、活動弁士たちへの愛があふれています。

二〇一一年に『アーティスト』（ミシェル・アザナヴィシウス監督、フランス・ベルギー・アメリカ合作）という白黒無声（サイレント）映画（実際は音楽と効果音はあるセリフのない映画）がアカデミー賞を受賞しました。ハリウッドを舞台に映画がサイレントからトーキーにうつる時代を描いた作品で、サイレント映画時代の撮影・編集技法がふんだんに使われ、有名なシーンが再現されて、〝映像が語る〟サイレント映画へのオマージュとしても感動的な作品でした。これはサイレント映画が音楽のみで見られていた欧米だからです。日本の活弁時代、無声映画へのオマージュでもある今回の周防監督の『カツベン!』は、その『アーティスト』に匹敵する傑作だと思います。

子どものころから活動弁士という職業に憧れる主人公俊太郎は、さまざまな弁士の口調を語り分け、なりきって語ることができる素晴らしい才能の持ち主です。その器用さが、泥棒の片棒を担ぐはめになる要素なのですが、有名弁士に成りすまし、また客を喜ばせようと、いろいろな語り口を披露します。純粋な夢がだれかに利用されたり、思わぬ方向に自分を追いやってしまうこともあるものですが、罪は罪として償うべきで、それで人生終わるわけじゃない。心根がよく、技も望みも持ち合わせるなら、きっと明るい続編がある。そんなメッセージも受け取りました。

また、活動弁士を描いたこの作品は、弁士とは何か、どんな存在かを、描きながら、問いかけてもいます。

「客は映画じゃなく、オレの語りを聞きにきている。オレの語りに客がつくんだ」という二枚目自信過剰弁士茂木貴之（高良健吾）もいれば、かつては一世を風靡し稀代の弁士と言われながら、酒浸りでまったくやる気のない弁士山岡秋聲（永瀬正敏）もいます。

山岡は『椿姫』の説明で弁士台に立っても、ほとんど何も語らず、スクリーンを見つめているだけ。「おい、弁士! 聞こえへんぞ!」と野次が飛んでも、「黙って聞け! 画を見てりゃわかる!」とどなりかえす。英語字幕の訳すら語らない。昔の山岡に憧れていた俊太郎は、酔いつぶれた山岡に代わって弁士台に立ち、彼の全盛期の語りをそっくりに真似て客席から大喝采を浴びますが、山岡は激怒します。終演後、だれもいない劇場で、俊太郎に『南方のロマンス』を語らせてみる山岡。そしてどの語りも有名弁士の語りの写しであることを指摘し、「同じ弁士は二人もいらん！」と言い放ちます。

そして、酔っぱらった山岡が後にぽろりとこぼす本音——。

「映画ってやつはなぁ、もう勝手にできあがってる。なのに、俺たちはそれに勝手な説明をつけてしゃべる。これが実に情けねえ。説明なしでも映画はあり得る。だが、映画なしには説明はあり得ねえ。俺たちの仕事っつうのはな、その程度のもんなんだ」

これは、弁士という仕事をしている私たちが常に自問自答することでもあります。弁士それぞれの〝オリジナリティ〟もさることながら、できあがっている映画、説明なしでも成り立っている映画に語りをつける、その弁士の価値は何か——。

「説明なしでも映画はあり得る。だが、映画なしには説明はあり得ねえ」

それを、弁士の語りの力で覆すのが俊太郎です。バラバラに切り刻まれ、さまざまな作品の切れ端を継ぎはぎしたフィルムを、巧みに面白く語って、魅せる。映像のない独房で、語りだけで看守や囚人たちの脳裏に映像を立ち上がらせ、魅了する。弁士の〝語り〟が、映像の有無を越えて、人々を歓喜させるのです。

目の不自由な方々にも耳だけで映画を楽しんでもらえるようにと語ってきた、私自身も肯定された気がしました。試写会で大爆笑して、たくさん共感して、わたしは勝手に、「壮大なラブレターをいただいた」と思いました。そして、幸せなことに、この作品の音声ガイドを務めさせていただきました。『カツベン!』で活弁する、という光栄です。

この映画、とくにアクションシーンはチャップリンの初期スラップスティックコメディなみのスピードなので、語りもまくしたてる勢いになります。たたみかけるような爆笑の決闘・大捕物シーン。周防監督もモニター会で、「すごいな、我ながら、すごいテンポの作品を作ったな」と笑っておられました。

視覚障がいの方、また晴眼者のみなさまにも、アプリのUDCastによってダウンロードいただいた音声ガイド(活弁)付きで、お楽しみいただければ幸いです。DVDやブルーレイにも収録されると思いますので、晴眼者の方は、一度目はそのまま、二度目に音声ガイド付きでご覧いただくと、違った気づきや楽しみがあるのではと思います。

■7■愛しの無声映画たち

【洋　画】

空想科学映画の祖『月世界旅行』

いまある現実は人類の想像力の産物。ビルも車も飛行機もテレビもコンピュータもゲームも、みんな人間が考え、創り出した。想像が創造の源である。

一八九五年、フランスでリュミエール兄弟が「シネマトグラフ」を公開、アメリカでも一八九六年、それまで実験映写を重ねたトーマス・エジソンが「ヴァイタスコープ」の初公開上映を行った。日本に映画が入るのも同じ年だだが、フランスではジョルジュ・メリエスがさまざまなトリック映画をつくり始める。特殊技術の元祖である。

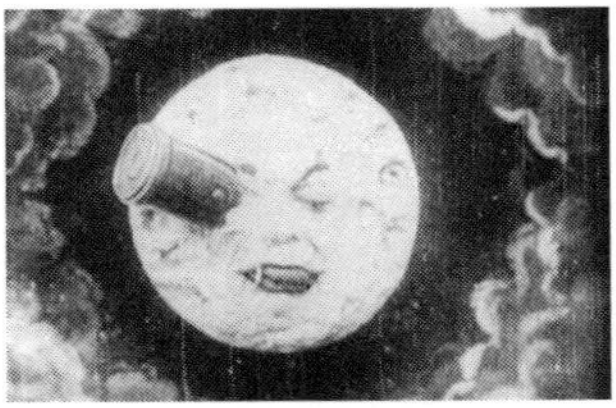

メリエスは、『ヒューゴの不思議な発明』（二〇一一年、マーティン・スコセッシ監督）で描かれた人物。手品や夢幻劇の劇場支配人で、役者もやり奇術も得意。リュミエールのシネマトグラフを見て映写機やフィルムを購入、映画製作を開始した。彼はフィルムの特性を生かした幻想味豊かな作品をつくる。一定の場所で人物を撮影し、カメラを止めて人物を退場させ、またまわすと人物が忽然と消える。二重焼き、コマ止め、コマ落とし、合成。別々のシーンを撮ってつなぎ合わせる編集技術を駆使し、映画の魅力を引き出した。

この映画はメリエスが製作・脚本・監督・美術・主演した一九〇二年の作品。天文学協会で月世界旅行が決議され、学者たちが巨大な弾丸型の宇宙船で月へ行く。月の地下で月世界人に出くわし、格闘の末地球へ帰るという一四分ほどの作品だが、ちゃめっけたっぷり、数々のトリック撮影と豊かなイマジネーションで「空想科学映画の祖」と言われる。

驚くのはその発想。ライト兄弟の初飛行が一九〇三年、人類の月面着陸が一九六九年。いまから約一二〇年前の飛行機もない時代に、すでに「月世界旅行」を映像化したメリエス。砲弾型の宇宙船はのちのロケットに似ていて実に愉快。人間の想像力・創造力は偉大だと思わずにはいられない。

『月世界旅行』(Le Voyage dans la Lune) 一九〇二年、仏、一四分、原作：ジュール・ヴェルヌ、H・G・ウェルズ、脚本・監督：ジョルジュ・メリエス

SFファンタジーの祖ルネ・クレールの『眠るパリ』

春になると、大学の卒業旅行で行ったパリを思い出す。シャンゼリゼ、セーヌ川、凱旋門、エッフェル塔。食事はどうも合わなかったが、ぶらりと歩くパリの街並みは好きだった。そのパリの街が、不思議な光線によってすべて眠ってしまったというのが、この映画。『イタリアの麦藁帽子』（一九二七年）、『巴里の屋根の下』（一九三〇年）、『自由を我等に』（一九三一年）、『巴里祭』（一九三二年）などを世に送り出した、パリ生まれの巨匠ルネ・クレール。クレールの監督第一作で、SFファンタジーの元祖とも言われる。クレールは、ジョルジュ・メリエスに端を発するSF映画、トリック撮影等の技術を駆使し、ファンタジーの要素を取り入れて、当時の映画界に新風を吹き込んだ。

エッフェル塔の管理人アルベールがある朝目覚めると、パリの街は静まり返っていた。人も車も時計も何もかも停まったままなのである。飛行機で到着した五人だけが、パリの街で出くわした、普通に動いている人間たち。アルベールと彼らは一緒に街の探索に出かけるが、勝手放題に最初は喜んだ一行も、しだいに飽き、人恋しくなってくる。パリが眠った原因はある博士の作った光線だった。

パリのシンボル、エッフェル塔は、グスタヴ・エッフェルの設計により、一八一九年のパリ万国博覧会の象徴として建てられた。二〇年後に取り壊される予定だったが、無線の実験の成功から無線塔として存続し、以来パリのシンボルとなった。本作はエッフェル塔はじめ、一九二三年当時のパリの街並みが見られる。車も何も一斉に止め、通りをカラにしての撮影も興味深い。

アメリカで上映された英語字幕のフィルムでは、タイトルが『The Crazy Ray（狂った光線）』となっている。博士の名前はクレイス（Crase）。「The Crase Ray is The Crazy Ray」である。その光線によって時間が止まり、動きが止まったことで露呈する人間の欲や感情の変化を、面白みたっぷりに描いている。風刺の効いた作風、滑稽な面々、思わずにやりと苦笑してしまうのはルネ・クレールのうまさである。

『眠るパリ』（Paris Qui Dort）一九二三年、仏、脚本・監督：ルネ・クレール、出演：アンリ・ロラン、マドレーヌ・ロドリング、アルベール・プレジャン

チャップリン初の長編作品、愛と涙と笑いの『キッド』

現在は著作権の関係でチャップリンの長編を上演することが簡単でなくなったが、活弁の仕事を始めて最初の二、三年で、わたしが一番多く語ったのがチャップリンの『キッド』。一九二一年、チャップリン三二歳、七〇本目にして初めて手がけた長編作品である。初期にはスラップスティックコメディ、ドタバタ喜劇の短編を作り続けてきたチャップリンが、この作品あたりから、「涙と笑いの哲学」に彩られた名作を次々に生み出す。

貧民街のボロアパートに住むチャーリーが、ある日捨て子を拾い、自分の子のように育てる。幸せに暮らす二人だが、五歳になったときにハプニング。拾った子どもだとばれて、孤児院へ連れて行かれそうになる。最後には、捨てたわが子を探す母親と再会し、チャーリーの苦労も報われるという物語。この少年役がたまらなく可愛い、ジャッキー・クーガン。チャップリンは、ストリートで父親とパフォーマンスするこの少年を見て、自分の貧しかった少年時代を重ね合わせ、彼を主人公に感動の映画を作ろうと考えた。本作はチャップリンの自叙伝的作品と言われる。幼くして父を失い、病気の母を抱えて、芸で身を立ててきた幼少の貧乏経験が色濃く反映しているが、貧民街での生活が不幸かというとけっしてそうではない。貧しくて周囲にばかにされようとも、父子は優しく、たくましく、愛に満ちて幸せである。

彼特有の笑いとペーソス、人間への愛情。山高帽子にだぼだぼのズボン、ドタ靴、ステッキがトレードマークのチャーリーは、常に、貧乏だが心優しく、弱きを助け、権力や悪にはけっして屈しない。といって聖人君子ではなく、滑稽な挑戦や失敗の繰り返しである。わたしたちはチャーリーの失敗に笑い、チャーリーとともに怒り、悲しみ、喜ぶ。二〇世紀が生み出した偉大なる映画人。役者としての才、監督としての才、脚本・演出・音楽まで手がけ、この作品以降すばらしい数々の名作を製作した才能には敬意を払いつくせない。

『キッド』(The Kid) 一九二一年、米、六八分、製作・原作・監督:チャールズ・チャップリン、出演:チャールズ・チャップリン、ジャッキー・クーガン、エドナ・パーヴィアンス

西部劇テイストたっぷりのキートン喜劇『荒武者キートン』

この作品はバスター・キートンにとっては二作目の長編、二七〜二八歳の作品である。ヒロイン役ナタリー・タルマッジは実生活では妻、キートン演ずる主人公ウィリアムの幼児

期を演ずるのは実の息子。父親ジョセフ・キートンも端役で出演する一家総出の楽しい作品である。

最初の数分間はこれは喜劇映画だったのかと紛うほどシリアス。二つの家系に代々続くお家同士の抗争によって、マッケイ家若主人とキャンフィールド家次男坊が互いに殺されるところから始まる。二〇年後、マッケイ家の末裔、父の死当時赤ん坊で抗争を避けるためおばに預けられたウィリアム（キートン）が、マッケイ家の土地と屋敷（といっても行ったとたん崩れるぼろ小屋）を相続。再びキャンフィールド家との抗争が始まる。運命のいたずらか、汽車に同乗し惹かれた美しい女性が敵家の末娘。ロミオとジュリエットばりの悲恋（？）であるが、ハッピーなコメディ。最後には彼女への

愛と勇敢な行動が、積年の両家の憎悪とわだかまりに終止符を打つ。特に、両家の対立のなか、彼女を守ろうと必死に奮闘するキートンの激流救出シーンは素晴らしい。アクションシーン満載で西部劇っぽい、活劇テイストたっぷりの痛快コメディ。キートンの作品はどれもエンターテインメント性が高く、語って楽しい。

チャップリン、ロイドとともに三大喜劇王と言われた俳優バスター・キートン。なんと行っても彼の魅力は、「ストーンフェイス」の虚無的な顔と、対極にあるような大胆で時に危険なまでのアクションプレイ、シュールなギャグの数々。キートン扮する主人公はいつも、顔では、笑わない、怒らない、泣かない。必要以上にしゃべらない。だがあの大きな目、せつなそうな表情はたとえようもなく印象深いし、言葉による説明を拒否するかのような、肉体と画面構成を駆使した笑いには、脱帽してしまう。キートンはスタントマンをつけずに撮影に臨む人だった。自らの脚本・監督で何作も笑いと驚嘆を振りまいてきた。一度撮影中に首の骨を折る大怪我もしている。傷害保険の契約を引き受ける保険会社がなかったのも頷ける。

バスター・キートンは一八九五年カンサス州生まれ。両親が舞台芸人で幼年期から舞台出演していた。赤ん坊のキートンが階段から転げ落ち、かすり傷一つなく笑っていたことから、「大立ち回り（バスター）！」という芸名がついたとか。一九一七年に映画界入り、一躍大スターに。サイレント黄金期がキートン喜劇の成熟期だった。何本かの超ヒット作を発表したのち、トーキー映画へ時代が移ると、しだいに活躍の場を失った。言葉を、声を得ることで、彼の作品は悲しいかな多くのものを喪失してしまうのである。彼は最も「サイレント」な映画人の一人である。サイレントであることが生命

線だった。彼の秀逸な無言のギャグを殺さない、しかし、語ることによる面白さも加味した活弁公演ができたらと思う。

『荒武者キートン』(Our Hospitality) 一九二三年、米、六八分、監督:バスター・キートン、ジャック・ブリストーン、出演:バスター・キートン、ナタリー・タルマッジ

いつの時代にも存在する!『イントレランス』

いつの時代にも存在する不寛容(イントレランス)を描き、人間の心の狭さを糾弾した四つの物語を並列的に描くという斬新な手法を用いて描かれている。

当時のアメリカを舞台に青年が無実の罪で死刑宣告を受ける「アメリカ篇」、キリストの受難を描く「ユダヤ篇」、異なる神の信仰を嫌うベル教神官の裏切りでペルシャに滅ぼされるバビロンを描く「バビロン篇」、フランスのユグノー迫害政策によるサン・バルテルミの虐殺を描く「フランス篇」。

巨額の製作費を投じ、巨大なセットと大勢のエキストラを使って製作された映画史に残る超大作。クロスカッティング、大胆なクローズアップ、カットバック、超ロングショットの遠景、移動撮影などの画期的な撮影技術を駆使し、後の映画界に多大な影響を与えた。後に監督として名を残すエリッヒ・フォン・シュトロハイムやフランク・ボーゼイギ、ドナルド・クリスプらも出演している。

『イントレランス』(Intolerance) 一九一六年、米、一二三分、製作・脚本・監督:D・W・グリフィス、出演:リリアン・ギッシュ、メエ・マーシュ、ヴェラ・ルイス、ロバート・ハーロン

第一次世界大戦の実写入り、グリフィスの『世界の心』

世界情勢の不安定な昨今。戦争は昔の話、戦後生まれのわたしたちはそう感じてきたが、世界中の多くの国で紛争は絶えることがない。いったい普遍的な「世界の心」(Heart of the World) があるとしたら、それはどんなものだろうか。

この映画とて、アメリカを第一次大戦へ参戦させようとした、英国の思惑でつくられたものだ。時の英首相ロイド・ジョージは、渡英中の有名監督D・W・グリフィスに、「アメリカ国民が英仏と共に戦うよう、映像を通して働きかけてほしい」と参戦世論を盛り上げる映画製作を要請。了承したグリフィスに製作費の援助と、英仏での撮影許可、人員・大砲などの提供を約束した。だが製作前にアメリカはドイツに宣戦布告(一九一七年四月)。グリフィスはフランス戦線にカメラを持ち込み、生々しい戦場の実写映像を取り込み完成さ

せた。戦場の実写は当時としてはむろん無謀で異例。

物語はフランスが舞台。一九一二年春、ある村にアメリカの二家族が住んでいて、両家の娘と青年が恋に落ちた。一九一四年、結婚式の直前に戦争が始まる。青年たちは出征、娘たちは、ドイツ軍に占領された村で辛苦をなめる。人命を奪い合う戦争は長引くほど辛い。占領下の祖国の村を奪回せんとするフランス軍だが、苦しい戦いを強いられ、イギリスを始めとする連合軍の力でようやく村は救われる。アメリカの参戦が独裁主義と戦争の恐怖から人々を救い、もとの平和をもたらしたという結びである。

グリフィスは戦争にもろ手を挙げて賛成していたわけではない。映画の冒頭では「結局、戦争は何かの解決になるのか？ かの市民戦争で南部は荒廃し、何千もの命が犠牲になった。だがそれでこの国の人種問題は解決したのだろうか？」と問題提起している。南北戦争を描いた『国民の創世』（一九一五年）、人間の不寛容がテーマの『イントレランス』といった大作で「映画の父」と言われた彼は、ケンタッキー州、南北戦争敗戦で没落した家の生まれで、一九一六年の『イントレランス』は平和主義と寛容を促したもの。ただ、世界の参戦気運が高まりから興行は失敗、ロイド・ジョージと会見することになった渡英も、もともと『イントレランス』がイギリスで正しく上映されるか確かめたかったからだった。

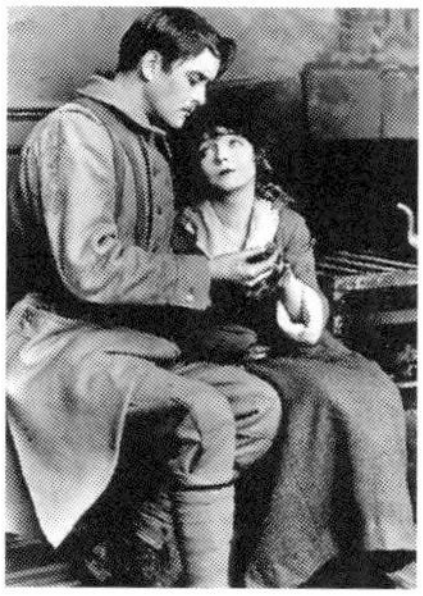

主演のリリアン・ギッシュは、グリフィスに見初められ、妹ドロシー・ギッシュとともに映画デビュー、彼の多くの作品に出演している。この作品でも妹と共演、恋のライバルから、戦時下の無二の友人へ、可憐な演技を見せている。いままた世界中の一人ひとりが、改めて「世界の心」を問い直す時代にきていると思うのは、わたしだけではないだろう。

『世界の心』(Heart of the World) 一九一八年、米、一一七分、製作・監督：D・W・グリフィス、出演：リリアン・ギッシュ、ロバート・ハーロン、ドロシー・ギッシュ

百年後の未来都市を描いた寓話的SF大作『メトロポリス』

一九二六年のSF大作で、監督フリッツ・ラングの代表作。無声映画をほとんど観たことがない人でも、『メトロポリス』は知っているという知名度の高い作品。一〇〇年後、つまり二〇二六年を想定して描かれた世界は、いま観ても近未来的

に感じられるほど。メタリックな人造人間の美しさ、巨大な地下工場など、その後のSF映画、アニメ、小説などにどれだけの影響を与えたことか。フリッツ・ラングはもちろん、ラングおかかえの三人の美術に拍手を送りたい。

主人公エリッヒ役のグスタフ・フレーリヒは、ドイツで弁士的な仕事を経て俳優になり、この作品で一躍有名になった。マリア役ブリギッテ・ヘルムは、映画初出演と思えぬ堂々たる演技。人間マリアと人造人間マリアを見事に演じ分け、この一作で後世に名を残す女優となった。脚本は、ラング夫人テア・フォン・ハルボウ。テーマはきわめて普遍的かつ時代的で、「バベルの塔」の伝説になぞらえ、人間や社会の負の性質、傾向をとても寓話的に簡素化して描いている。ラングとハルボウは、アメリカ旅行でニューヨークの摩天楼を見てこの話を思いついた。

二一世紀初頭、高度な文明を誇る巨大都市メトロポリス。だが労働者たちは、偉大な都市文明の恩恵を享受することなく、地下の大工場で都市機能の維持に従事し、勤務交代の時間がくれば、地下工場のさらに下、地中はるか深くの労働者の町へと帰っていく。そんな支配階級との絶望的な隔絶のなか、人間としての感情も権利も省みられず、機械の一部分としての存在意義しかもたぬ労働者たちが、女宣教師マリアの言葉に一筋の光明を見出す。「支配者（頭脳）と労働者（手）を結ぶのは心、心あるお互いの理解者がきっと現われる」。それがメトロポリスの支配者の息子エリッヒだった。

平等のはずの人間に貧富の差、階級の差ができ、支配する側使われる側、やがてそれが隔絶していく。労働者階級は奴隷か機械同然、支配者は労働者の痛みや権利、感情に無関心。人間とみなしていないから、その生死にさえ何の関心もない。そうした抑圧のなかで、彼らが自我と疑問を持ち始めたとき、どういう行動をとるのか。よき指導者であれば、そのなかに希望を見出し、智恵を得て、何かを変えていけるのかもしれない。だが悪しき扇動者の言葉を信じ、すべてを破壊した後に、さらに憎悪のつのった大衆は、責任の所在・矛先をすべて扇動者に向け、いっそうの狂気的な攻撃をする。支配者は自らの利権と立場を守ろうとし、科学者は発明・偉業・名声への欲を第一とし、労働者は自らの行動に無責任、行為の本来の意味を問おうとしない。

古今東西、歴史を振り返れば、この物語と重なってみえる出来事がどれほどあることか。最後のマリアの言葉「心が両者を結ぶとき、人々に理解と平和が生まれるのです」。愛し、思いやり、お互いを尊重する心。立場や思想が違って当たり前。だからこそ、理解と平和のためには、相手を想う心が必要。大事小事、すべてはここに帰すのかもしれない。

『メトロポリス』（Metropolis）一九二六年、独、一五三分、監

督：フリッツ・ラング、脚本：テア・フォン・ハルボウ、出演：グスタフ・フレーリヒ、ブリギッテ・ヘルム、アル

革命を描いた傑作！『戦艦ポチョムキン』

これはさまざまな意味で革命の映画である。

題材は、一九〇五年に起こった第一次ロシア革命の一つの出来事「戦艦ポチョムキン号での水兵反乱事件」。その史実をもとに、第一次ロシア革命の二〇周年記念祭のため、レーニンの依頼で製作された。数人の俳優のほか出演者の多くは、革命を経験した無名の市民たちだった。

二七歳、若きセルゲイ・エイゼンシュテインの才能と霊感が形になり、世界に衝撃を与えた、ロシア映画史上の最高傑作である。クライマックスのオデッサの階段の虐殺シーンは、いまもなお、見るものを身震いさせる衝撃に満ちている。この一作によってモンタージュ等の手法が確立され「映像」に芸術的革命をもたらした。

そしてもう一つ。この映画が与えた影響の大きさである。時として映画は行動を促すが、この作品は、革命のプロパガンダとしての政治的役割も果たした。

わたしは、東京バラライカアンサンブルの八田圭子さんたちのロシア音楽演奏とともに何度か活弁上映しているが、上映のたびに作品の偉大さを感じさせられている。

『戦艦ポチョムキン』（Броненосец《Потёмкин》）一九二五年、ソ連、五五分：七四分、監督：セルゲイ・エイゼンシュテイン、出演：アレクサンドル・アントノーフ、グレゴーリ・アレクサンドロフ

一八世紀、ルイ一五世の寵妃デュ・バリー夫人を描いた『パッション』

七五年間の王位の間、生活を公にしたルイ一四世、それに比べ女性との私生活を大切にしたルイ一五世。彼には多くの寵妃がいたが、なかでも晩年のルイ国王に寄り添い、ひときわ愛され権力をほしいままにしたのがデュ・バリー夫人だった。私生児でお針子から娼婦になったこの女性が王の公式愛妾となり、富と地位、権力を手にして悲運の死を遂げるまで、その人生が相当ドラマティックだったことは想像に難くない。本作はそのデュ・バリー夫人の半生を描いたルビ

ッチ監督初期の大作である。

淀川長治氏をして「映画の神様・天才」と言わしめたエルンスト・ルビッチは、一八九二年ドイツ生まれ。喜劇俳優から一九一四年映画監督になり、ドイツ表現主義の隆盛時代に、対照的な豪華絢爛たる貴族階級の愛欲絵巻をくりひろげた。『パッション』（一九一九年）はその先駆的作品で、ベルリン最大の映画館開館を記念して興行された話題作。『寵妃ズムルン』（一九二〇年）、ヘンリー八世の愛欲生活を描いた『デセプション』（一九二〇年）、女奴隷との愛に狂うエジプト王の悲劇『ファラオの恋』（一九二二年）、ナンセンスなラブコメディ『山猫リュシカ』（一九二一年）などで名声を上げたルビッチは、一九二二年末にハリウッドへ。『結婚哲学』（一九二四年）以降、ソフィスティケーション・コメディのジャンルを確立、一九四七年に亡くなるまで六八本の傑作を残した。

デュ・バリー夫人演ずるポーラ・ネグリは、『カルメン』（一九一八年）からルビッチ映画に出演、以降彼の多くの作品に主演し、ともにハリウッドに渡って大スターとなった。私生活ではルドルフ・ヴァレンチノの恋人だったこともある。ルイ一五世役のエミール・ヤニングスもまた当時のヨーロッパを代表するスター。ルビッチの『デセプション』『ファラオの恋』のほか、F・W・ムルナウ監督の傑作『最後の人』（一九二四年）、E・A・デュポン監督の『ヴァリエテ』（一九二五年）などに主演、第二次大戦後までドイツ映画界の大黒柱だった。

二〇〇三年、東京美術館で開催された「華麗なる宮廷―ヴェルサイユ展」では、デュ・バリー夫人の私室も再現されていて、ロココ様式の装飾やインテリアで作られたその生きざまに思いを馳せたが、ルビッチが描く彼女とルイ一五世の物語もまた（生涯を忠実に描いているわけではないが）、当時の社会と王侯貴族の生活が想像できて面白い。

『パッション』（Madame du Barry）一九一九年、独、八五分、監督：エルンスト・ルビッチ、出演：ポーラ・ネグリ、エミール・ヤニングス

小津監督も敬愛したルビッチ・タッチ『ウィンダミア夫人の扇』

一九二〇年代半ば、ハリウッドで旋風を巻き起こしたドイツ人監督、風俗喜劇の開祖エルンスト・ルビッチ。ドイツからハリウッドへ渡って二作目の『結婚哲学』（一九二四年）は、上流階級の有閑紳士淑女の恋愛をオシャレに描いて大ヒット。続く一九二五年には『当世女大学』（自分に恋人ができ離婚しようとする妻が土壇場で夫との仲を取り戻す話）で

洒落た演出を見せ、『ウィンダミア夫人の扇』でも、ロンドン社交界を舞台に、スキャンダラスな母親と彼女を実母と知らない高貴な娘を中心に繰広げられる物語を、機智と皮肉に富んだ演出で描き出し、高い評価を得た。

若く可憐なウィンダミア夫人は母親が死んだと思っていた。スキャンダルを巻き起こしロンドン社交界を去り行方をくらました、アーリーン夫人が実母だとは思いもしない。アーリーン夫人がロンドンへ帰ってきても歓迎しない社交界。そんななか、夫のウィンダミア卿だけはアーリーン夫人に援助をし、親密な関係にあるようだ。ウィンダミア夫人は夫とアーリーン夫人との仲を誤解し、誕生パーティのその日、パーティを抜け出し、求愛してくれるダーリントン卿の想いを受けようと彼の家へ向ってしまう……。

作品の土台となったのは、『サロメ』（一八九三年）で有名なオスカー・ワイルドの舞台劇。この物語では扇が大事な役目を果たす。愛嬌があって会話がうまく、醜聞にひややかな目で見られていても、一度話をすればみんなを惹きつけるアーリーン夫人。最後は、実りかけた自分の恋を犠牲にしても娘の名誉を守る、その母性にほろりとさせられる。アイリーン・リッチがアーリーン夫人を、メイ・マッカヴォーイが無傷のお嬢さまといった感のウィンダミア夫人を好演。社交界の人間たちの機微が、小津監督も敬愛するルビッチ・タッチで堪能できる作品。

『ウィンダミア夫人の扇』（Lady Windermere's Fan）一九二五年、米、一二〇分、監督：エルンスト・ルビッチ、原作：オスカー・ワイルド、出演：メイ・マッカヴォーイ、バート・ラティル、アイリーン・リッチ

美の化身グレタ・ガルボの誘惑『肉体と悪魔』

本作は、グレタ・ガルボの人気を不動にしたハリウッド第三作である。スウェーデン生まれの彼女は一九二六年にハリウッド入り。監督クラレンス・ブラウンが、ヨーロッパを舞台にしたこの映画で、彼女の北欧的な美しさ、神秘的な妖艶さを見事に引き出した。ライト、火、雨、雪、効果的な演出と、映像に観られるさまざまな隠喩、監督の才に感心せずにいられない。後に『仔鹿物語』（一九四六年）を撮ったクラレンス・ブラウンは、『アンナ・クリスティ』（一九三〇年）

や『アンナ・カレーニナ』（一九三五年）など、ガルボを主演にたくさんの作品を世に送り出している。

原作はヘルマン・ズーデルマンの小説『消えた過去』。生涯の友情を誓い合ったオーストリアの二人の青年が、美しい伯爵夫人の虜になり友情を失いかけるが、最後には女は死を迎え、二人は友情を取り戻す。「悪魔は、Spirit（精神）によって我々を支配できないとき、Flesh（肉体）によって我々を支配するに足る美しい女を創造する」。神父の言葉通り悪魔の化身か、その女の官能の魅惑は（女のわたしでさえ）抗いがたい。

この作品を上演したときに、ある演劇プロデューサーさんに、「ガルボの声がぴったり。ガルボ映画の吹替えをやってほしい」と言われたことがある。顔は雲泥の差でも、声でガルボになれるのだから、弁士とはなんとめでたい仕事だろうか。

二二歳。この映画のガルボは、とにかく美しい。匂い立つ気品と妖気。三六歳で早々に引退したガルボだが、すでにこのとき、その存在感は、一〇歳年上の格上美男スター、ジョン・ギルバートを食うほどだ。この後もガルボと彼のコンビでは都合三作の映画が作られており、彼と恋仲だった時期もあるが、実力と人気の差がしだいに二人を引き離していく。当時の映画批評には、「これはグレタ・ガルボを見る映画である」とあるが、確かに、キャストが違ってガルボではない女優が演じたら、この映画は意味をなさないと思えるのである。

『肉体と悪魔』（Flesh and the Devil）一九二六年、米、一〇三分、原作：ヘルマン・ズーデルマン、監督：クラレンス・ブラウン、出演：ジョン・ギルバート、グレタ・ガルボ、ラース・ハンソン

アメリカ無声映画史上最後の傑作『サンライズ』

夏が終わった初秋、避暑地の片田舎。そこで幸せに暮らしていた農村の若い夫婦だが、夫が都会から来た女に誘惑され、妻を殺そうとする。危機を乗り越えた二人は信頼と愛情と幸せを取り戻すという話、ある日の夕方から翌々日のサンライズ、朝日が昇るまでのまる一日半が丹念に描かれている。

一九二〇年代は、ヨーロッパで名を上げた多くの監督がハリウッドに引き抜かれていった。ドイツ人監督F・W・ムルナウもその一人で、これは彼のハリウッド第一作。ドイツ時

代に『ジキル博士とハイド氏』（一九二〇年）、『ファントム』（一九二二年）、『吸血鬼ノスフェラトゥ』（一九二二年）などの怪奇映画で頭角を現し、無字幕映画で無声映画史上に金字塔を立てた『最後の人』（一九二四年）、『ファウスト』（一九二五年）などを世に送り出したムルナウは、一九二六年、米フォックス社と、「金は出すが口は出さない」ことを条件に契約。うらやましい限りだが、その資金力を元に、ドイツから同行させた彼のブレーンたちとともに、「アメリカ無声映画史上最後の傑作で芸術作品」と評されるこの映画を作った。ハリウッドからだいぶ離れた湖畔に半年がかりで村のセットをつくり、町に下る登山電車のレールも特設した。

原作は『肉体と悪魔』の原作者でもあるドイツの劇作家ヘルマン・ズーデルマン。脚色は『最後の人』と同様カール・マイヤー。撮影は、チャールズ・ロシャーとカール・シュトルーシュ、みなドイツ生まれである。いずれも実力派。ストーリーは平凡というか単純だと思うが（よくある人間像を表わすためか、登場人物はみな名前がない）、この年に設立された米アカデミー賞で「芸術的作品賞」と「撮影賞」をとっただけあって映像は賞賛ものである。画面の構図、テンポのよさ、ところどころに見られる撮影のアイデアの斬新さ。映像に多くを語らせるためか字幕は極端に少ない、準無字幕映画。人物、特に夫婦二人の感情の変化や状況の変化が、あるときはとても暗く、あるときはとてもコミカルに、うまく表現されていて楽しい。

主演は身長一五〇センチのジャネット・ゲイナーと、大柄なジョージ・オブライエン。単純で直情的な農夫をオブライエンが、健気で純朴な妻をゲイナーが好演している。特に妻の役は彼女の表情やしぐさによってこそ生きていると思う。ジャネット・ゲイナーは、この年、この作品とフランク・ボーゼイギ監督の『第七天国』（一九二七年）と『街の天使』（一九二八年）の好演で、第一回アカデミー賞主演女優賞を得た。ムルナウのドイツ人的な感性が生きたアメリカ映画で、日本でもキネマ旬報ベストテン第一位に輝く。

『サンライズ』(Sunrise) 一九二七年、米、九五分、監督：F・W・ムルナウ、原作：ヘルマン・ズーデルマン、脚色：カール・マイヤー、出演：ジョージ・オブライエン、ジャネット・ゲイナー

世界が手に汗握った最初のアカデミー賞、『つばさ』

第一回アカデミー賞最優秀作品賞・技術効果賞！当時、世界が手に汗握った「活動写真」超大作。空中戦映画として映画史上に名高い作品。第一次世界大戦を舞台にしたヒューマンドラマ。撮影監督は第一次世界大戦当時のパイロットで航空撮影に豊かな経験を持つハリー・ペリーで、当時高価だった二一台のカメラを動員し迫力あふれる空中戦場面を撮影、監督や役者も航空隊経験があり、役者がスタントマンなしで空中戦のカメラを回したという。

航空戦は手に汗を握る迫力のシーンの連続で、その後の「スター・ウォーズ」シリーズに至るまで、多くの空中戦映画の模範として受け継がれている。第一次世界大戦における航空機の活躍をきっかけに航空熱が高まり、技術も飛躍的に進歩、同年五月にリンドバーグが大西洋横断に成功した社会的背景もあり、作品は記録的な興行成績を挙げた。ゲイリー・クーパーが見習い飛行士の一人として非常に印象的な場面で登場し、日本で彼が最初に人気を獲得した作品でもある。戦争映画のわりに印象が暗くないのは、クララ・ボウのキャラクターだろう。

『つばさ』（Wings）一九二七年、米、一三六分、監督：ウィリアム・A・ウェルマン、脚本：ホープ・ローイング、ルイス・D・ライトン、出演：クララ・ボウ、チャールズ・ロジャース、リチャード・アレン、ジョビナ・ラルストン、ゲーリー・クーパー

怪奇俳優ロン・チェイニー『オペラの怪人』

「いい舞台はやっぱりS席で観なきゃ！」。大学一年生の身分で相当奮発して仲間たちと行った『オペラ座の怪人』はしかし、飲みあかした翌日の昼。せっかく授業をサボって足を運んだのに、ほとんど眠っていて断片的な記憶しかない。オペラ座のシャンデリアは豪華だったなあなどと、なんとも淋しい残像である。初めて自分で買ったS席公演だったはずで、「行った」という記憶と帰り道の倦怠感だけが、いまだにとても鮮明である。

それからおよそ一〇年して、活動弁士になり、この白黒の『オペラの怪人』（一九二五年）に出会った。いくつかの映画化作品を鑑賞し、原作との違いを楽しみながら自分の台本を書いていく作業のなかで、どんどん面白さが増す。

一八八〇年、パリのオペラ座。毎夜華やかに着飾った人々が公演を楽しむなか、幽霊が出るという噂がまことしやかに囁かれ、次々に起こる謎の奇怪な事件が人々を怖がらせる。

すべては、オペラ座の怪人、エリックという男の仕業。何層にも及ぶオペラ座の地下には、人々が足を踏み入れることのない中世の拷問部屋や地下土牢が残っていて、精神異常犯罪者として指名手配中のエリックは、ここに長年身を潜め、人々への憎悪に生きてきた。彼の過去は描かれないが、仮面の下の醜悪な顔とその犯罪には、革命時、この地下土牢で拷問にかけられ死んでいった人間たちの怨念が塗り込められているかのようである。

そんな彼が、自らの音楽の才能を授けてプリマ・ドンナにしようと、愛をそそぎ、求めた唯一の女性がクリスティーヌ。だが男の望みがかなうことはない。愛されたい、理解されたいという渇望と、成就せぬ現実への苛立ち、悲しみ。純粋だったクリスティーナへの感情、愛情も、嫉妬や失望の中で屈折し、自らと民衆との狂気のうちに死んでいくのである。

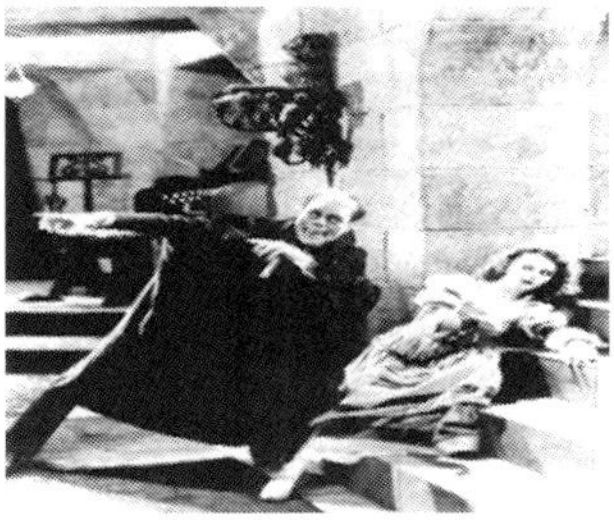

主演のロン・チェイニーは、「千の顔を持つ男」といわれた最初にして偉大な怪奇俳優。『ノートルダムのせむし男』（一九二三年、ウォーレンス・ワースリー監督）のカシモド役もすばらしい。当時の特殊メイクで、本来二枚目のスター俳優と思えないくらい醜悪になるのだからすごい。役のため歯も抜いたという。

自分をプリマ・ドンナへと導くどこからともない声の主を信じ、恋人より歌と師を選ぼうとするが、師（怪人）の正体を知り、懊悩するクリスティーヌ役、当時二一、二歳のメアリー・フィルビンも可憐でなかなかかわいい。オペラ座の仮面舞踏会シーンのみ部分カラーの映像が当時は斬新で、話題を集めた作品である。

『オペラの怪人』（The Phantom of the Opera）一九二五年、米ユニバーサル、一〇七分、監督：ルパート・ジュリアン、出演：ロン・チェイニー、メアリー・フィルビン、ノーマン・ケリー

総天然色映画『ダグラスの海賊』

『パイレーツ・オブ・カリビアン』（二〇〇三年、ゴア・ヴァービンスキー監督）は楽しい作品だった。期待以上にドキドキワクワク、わたしは、すっかりジャック・スパロウ船長の虜。海賊には、畏怖と同時に、何か不思議な憧憬がある。風と雲と波を読み、独自の掟を旨としながら、海の上で生きる男たち。極悪の海賊と相対し、打ち負かす強靭な正義の海

賊は、とにかくかっこいい。この『ダグラスの海賊』は、ハリウッドが生んだ最初のスーパースター、ダグラス・フェアバンクスの代表作であり、世界初の本格的長編カラー映画として歴史に残る作品である。

時は一七世紀、地中海を荒らし回るスパニッシュ・メイン号の凶悪な海賊たちに、一隻の商船が略奪され爆破された。その船に乗り合わせ、父を失い一人生き残った若者、スペインの大公爵（ダグラス・フェアバンクス）は復讐を誓い、ブラック・パイレーツ（黒衣の海賊）を名乗ってその海賊たちの仲間入りを装う。そして、復讐を果たした末に、海賊の魔手から救い出した姫君とめでたく結ばれる。見所はなんといっても、ダグラスの痛快なアクションシーン。冒険ものとして大人も子どもも楽しめるエンターテイメント作品だ。当時ダグラスは四三歳、毎日体を鍛え上げていただけあって、四〇歳を過ぎたとは思えない身のこなしである。

ダグラス・フェアバンクスは一八八三年コロラド州生まれ。若くして舞台に立ち、一九一五年映画デビュー。陸軍士官学校出身の鍛えぬかれた肉体から繰り出される軽快でスピーディなアクションが人気を呼び、あっという間にトップ・スターに。正義感が強く、楽天的で豪快な青年役は大ヒット。一九一九年にユナイテッド・アーティスツを結成してからは、『奇傑ゾロ（一九二〇年）』、『三銃士（一九二一年）』、『ロビン・フッド（一九二三年）』、『バグダッドの盗賊（一九二四年）』、『ドンQ（一九二五年）』と一年一作の大作を送り出した。一九二六年の『ダグラスの海賊』は、プロデューサーと原作者も兼ね、実質的な総監督に当っている。当時としては破格の制作費をかけた、カラーの豪華な娯楽大作である。それまでも部分的なカラー作品はあったが、長編劇映画の全編カラー化は初めて。もっとも現在の三原色とは違い、赤と青の二原色テクニカラー方式。血の赤と海の青だけがやけに印象的ではあるのだが。現在のカラーとは違う味わいを楽しんでほしい。

『ダグラスの海賊』（The Black Pirate）一九二六年、米、九四分、監督：アルバート・パーカー、出演：ダグラス・フェアバンクス、ビリー・ダヴ

アメリカの恋人、メアリー・ピックフォードの代表作『雀』

サイレント時代、「アメリカの恋人」といわれ人気を誇ったメアリー・ピックフォードの代表作である。沼地に囲まれた農場に監禁され、辛い仕事に従事する子どもたちが、ある嵐の夜にさらわれてきた幼児の危機をきっかけに、脱出をはかる。子どもたちの面倒をみながら指揮をとるのが、メアリ

ー・ピックフォード演じる一二歳（という設定）で最年長の少女モリー。辛い生活の中でも常に明るく気丈で、「神様はいまは空から落ちた雀を助けるのに忙しいの。祈り続けている限りきっと助けてくれるわ」と、子どもたちに希望を与え続ける。脱出の夜、ワニの住む沼地を行く一〇人あまりの子どもたち。母親がわりのモリーのおかげで脱出もなんとか成功、最後は、さらわれた幼児の豪邸でみんなが幸せに暮らす……という、ほのぼのした印象を残す作品である。

監督ウィリアム・ボーディンは、子どもを使うことにかけて定評があったというだけあって、一人ひとりがとても生き生きと描かれている。特に脱出のシーンは、沼地の大規模なセットが素晴らしく、アドベンチャー味たっぷり。観客は、底なし沼に落ちそうになりながら、木の枝をつたい口開けるワニの上、危険を越えていく一行を応援しながら見守ることになる。

メアリー・ピックフォードは撮影当時すでに三二歳。一二歳の少女を演じるなんてと驚くが、まあ一二歳に見えるかどうかは別として、映画としては違和感なく観られるのだからすごい。明るくたくましく、子どもたちへの愛情にあふれ、彼らを守ろうとする姿に母性を感じさせるかわいい少女を好演している。彼女は、俳優の名前を宣伝し俳優で客を呼ぶという、いわゆるスターシステムに乗ったスター女優第二号といわれる。第一号はフローレンス・ローレンス、それまではどれだけ人気があっても俳優の名前が出ることはなく、製作会社の名前がすべてだった。スターシステムのもと、メアリーのギャラは契約のたびに跳ね上がり、スタッフを自分で選ぶ権限が与えられ、一九一九年にはD・W・グリフィス、チャップリン、ダグラス・フェアバンクスともに、ユナイテッド・アーティスツを設立するに到った。二七、八歳にしてハリウッドの大実業家である。そのうえ、当時お互いに既婚者だったフェアバンクスと恋に落ち、一九二〇年に彼と再婚という、実生活への興味も尽きない女優である。

ただ、純情可憐な少女役は、年齢とともに不可能になる。一九二九年に『コケット』でアカデミー賞主演女優賞を受賞したものの、少女のイメージを払拭しきれず、その後三本で終わってしまったメアリー・ピックフォード。この『雀』あたりが一番いい時期だったのかもしれない。

『雀』（Sparrows）一九二六年、米、八四分、監督：ウィリアム・ボーディン、出演：メアリー・ピックフォード、ロイ・スチュワート、メリー・ルイズ・ミラー

「国辱映画」と言われた早川雪洲の出世作『チート』

早川雪洲は日本が生んだ最初のハリウッドスター。セッシュウ・ハヤカワの名を一躍有名にしたのがこの作品だ。Cheatとは詐欺。ニューヨークを舞台に雪洲演じる日本人骨董商が、浪費家の有閑夫人を助けるふりをして非道を行う。セッシュウ・ハヤカワは残虐な役どころを見事にこなし、危険な悪の香りのミステリアスな俳優、マチネアイドルとして存在感を十分アピールするが、映画は日本人の残虐性が強調された「国辱映画」として、日本ではしばらく公開されなかった。ニューヨークの初上映が一九一五年一二月、翌年二月

には南カリフォルニア日本人協会のメンバーが上映反対の抗議を行い、在米日系人たちもかなりの反感を抱いた。

投資家の夫に内緒で株に手を出し大損してしまった有閑夫人イーディスは、困惑し、助けを申し出た鳥居（雪洲）と、逢引きをする約束でお金を用意してもらうのだが、皮肉にも、直後に夫が株で大儲け。イーディスはすぐ金を返しに行くが、鳥居はそれを許さない。自分のものにならない彼女に無理矢理、自分の所有物だという焼印を押す！ 軽率さや放蕩ぶりが一転して夫婦の絆強き被害者となる二人に対して、鳥居は最後まで残虐非道な人物のままだから、この映画から日本人への悪印象を受けてもしかたがない。

早川雪洲は一八八六年、千葉県千倉町に網元の子として生まれる。本名早川金太郎。一九〇九年にアメリカに渡りシカゴ大学を卒業、芝居に興味を持ち、ロサンゼルスで徳富蘆花の『不如帰』をもとに脚本をつくって主演、芸名を早川雪洲とする。大物プロデューサーに才能を見出されて初の主演映画『タイフーン』が大ヒット。本作はルドルフ・ヴァレンチノ以上の人気を誇った。トーキー後の出演作は一九五七年のアカデミー賞七部門を獲得した『戦場にかける橋』（デヴィッド・リーン監督）が有名。

監督は、『十誡』などのスペクタクル史劇の超大作を多く生み出したセシル・B・デミル。封切りから三年後、日本人鳥居を「ビルマの象牙王ハカ・アラカウ」に（字幕を）替えて公開となった（それはそれでビルマに失礼だが）。言葉数は少ないが匂い立つオリエンタルな色気の雪洲は確かに魅惑的だ。

『チート』（The Cheat）一九一五年、米、五九分、監督：セシ

ル・B・デミル、出演：早川雪洲、ファニー・ウォード

オペラの傑作でもある大叙事詩！『ニーベルンゲンの歌』

ゲルマン民族の間に古くから伝わる一大民族叙事詩「ニーベルンゲンの歌」を第一部『ジークフリート』、第二部『クリームヒルトの復讐』として、二年近い歳月をかけて製作されたドイツ映画史上に燦然と輝く大作。名匠フリッツ・ラングが夫人となったハルボウの脚本を得て、世界に名だたるドイツ映画を支えていた優秀なスタッフの協力のもと、見事な詩的映像美を完成させた。主演パウル・リヒターは『ドクトル・マブゼ』（一九二二年）に続いてのラング作品であり、彼の百本近い出演作品の中でも代表作。

『ニーベルンゲンの歌』(Nibelungen) 第一部『ジークフリート』(Siegfried) 第二部『クリームヒルトの復讐』(Kriemhilde's Revenge) 一九二四年、独、二九三分、脚本：テア・フォン・ハルボウ、監督：フリッツ・ラング、撮影：カール・ホフマン、ギュンター・リッタウ、出演：パウル・リヒター、マルガレーテ・シェーン、ハンナ・ラルフ、ゲルトルート・アルノルト

【邦　画】

「独創的で面白い」がモットー、マキノ映画『雷電』と『黒白双紙』

「一スジ二ヌケ三ドウサ」。「日本映画の父」牧野省三の映画製作におけるモットーは、いまも語り継がれる。スジは脚本、ヌケは撮影、ドウサは演技だ。演出家として、プロデューサーとして、経営者として、日本映画の製作システムの基礎をつくり、多くのスターを輩出した牧野省三。目玉の松ちゃんこと尾上松之助に始まり、阪東妻三郎、月形龍之介、高木新平、市川右太衛門、片岡千恵蔵、嵐寛寿郎。後に独立プロで大活躍する面々も、みなマキノ映画で育てられて、スターになった。省三は、マキノ映画で人気と地位を得て独立していくスターたちを追わなかった。独創的で面白い映画を創れば、スターはいくらでも生まれる。それが省三の信念だった。息子のマキノ正博も日本映画史上に名を残す名監督であるが、マキノ映画入社当時俳優兼助監督だった彼が、俳優として出演した最後の作品が『雷電』である。監督はマキノ省三。監督にとっては遺作になる、日本映画史においても貴重な作品である。

雷電為右衛門は無敵の強さを誇る力士。将軍家上覧相撲が催され、諸大名召し抱えの力士によって一日一番だけの相

撲が行われるが、有馬候お抱えの雷電は九日間勝ちっぱなし。諸公、老中、市中の人までが妬みや恨みの声を上げ始めたのに堪えかねて、「明日の相撲に負けてくれ。そうでなければ死ぬから」と頼む雷電の母。十日目の上覧相撲の相手は、有馬候と犬猿の仲の佐竹候の力士。佐竹候は「絶対に負けけん」と言ったものの、実は召抱えの力士がない。だれを出したかといえば、ひ弱な町医者藪井竹庵。さてこの軍配やいかに。見るからにひ弱なにわか力士を演じるのがマキノ正博。大柄な根岸東一郎演ずる「雷電」との対戦は、かなり滑稽だが面白い。チャップリンの『街の灯』（一九三一年）のボクシングシーンを彷彿とさせるものがある。フィルム全編が完全に残るわけではないが、マキノ正博が出演した唯一の喜劇は、笑えること間違いなしである。

『黒白双紙』（大正一四年）は「黒」の炭屋と「白」の洗濯屋、隣同士の頑固者の珍騒動。何かにつけて張り合い、喧嘩の絶えない主人同士だが、炭屋の倅と洗濯屋の娘は恋仲。すったもんだの末、大団円を迎える。唄う喜劇俳優として名高い杉狂児が倅役で出演。これまた『雷電』に輪をかけたようなナンセンスな話だが、反逆精神あふれる時代劇、剣戟映画とは全然違った、マキノ映画のとぼけた面白さを味わってもらいたい。

『雷電』一九二八年、マキノ御室撮影所、一八分、監督：マキノ省三、出演：根岸東一郎、マキノ正博、『黒白双紙』一九二五年、マキノプロダクション、監督・原作・脚本：曾根純三、出演：清川清、藤井民治、杉狂児

マキノ映画
スター不在のマキノ大ヒット時代劇『浪人街』

大正から昭和初期は時代劇の全盛期だった。きら星のごときスターたちが生まれ、阪東妻三郎、大河内傳次郎、嵐寛寿郎、片岡千恵蔵、市川右太衛門、長谷川一夫は六大スターと呼ばれ活躍していた。その多くがマキノが育てた役者たちである。当時は大スターとなった俳優が自分の独立プロダクションを持ち、映画製作をするシステムがさかんだった。

一九二八（昭和三）年は、マキノが育て先に独立していた阪妻、大河内、右太衛門らが大活躍。マキノ映画はというと、火災によるフィルムの焼失、省三の病気、嵐や片岡を始めとするスター俳優の大量脱退と、創業以来の大ピンチに見舞われていた。

『浪人街・美しき獲物』は、そうした悪状況の中で制作され、キネマ旬報第一位の大ヒットを記録する。マキノ正博（のち

の雅弘）が二一歳で監督し、マキノ映画の健在ぶりを示すとともに、省三の「映画は一ヌケ二スジ三ドウサ」の言葉どおり、スターはいなくとも演出やシナリオがよければ映画はヒットすることを実証したのである。

勧善懲悪ものの時代劇が大人気の時代。いわば失業した浪人たちを主人公にし、個性豊かで闊達な人物たちで織りなした群像劇は、新鮮だった。昭和に入ってからの不景気、大量失業時代。アイロニカルな視点と、動物的で自棄な行動の中の明るさ強さ、赤裸々な人間味が受けたのだろう。

マキノ雅弘監督にとっては、非常に思い入れの強い作品だったと思われる。後に『浪人街』（第一話）を四度リメイクしている。一九三九（昭和一四）年日活、昭和二六年東映（『酔いどれ八万騎』）、昭和三一年松竹、一九九〇（平成二）年松竹（マキノは総監修）。

一九二九年に制作された第二話「楽屋風呂」、第三話「憑かれた人々」は、いずれも、第一話とはまったく異なった人物と筋で作られ。第一話ほどではないがヒットを飛ばした。しかし現在、フィルムはわずかしか残っていない。第一話はラスト「子恋の森での乱闘」一巻のみ、第二話は全一九巻中六巻で完結しておらず、第三話は一巻もない。残念だが、残っている貴重な映像から、当時の人々に大人気だった作品の一端を感じてもらえるだろう。

『浪人街〜美しき獲物』（第一話）『浪人街〜楽屋風呂』（第二話）一九二八〜九年、マキノ御室撮影所、縮刷版四九分、監督：マキノ正博、原作・脚本：山上伊太郎、出演：根岸東一郎、マキノ登六、南光明

おっかさん!が印象的な『番場の忠太郎　瞼の母』

戦前戦後に渡って活躍した時代劇スター片岡千恵蔵の代表作の一つ。他の剣劇スターに比べ、立ち回り、剣劇シーンがあまり得意でなかった千恵蔵は、髷をつけた現代劇と言われる人情ものをたくさん作る。男の純情を表現させたらピカ一の千恵蔵ならでは。原作は、長谷川伸が一九二八（昭和三）年に、幼くして母と生き別れた自らの出生をもとに書いた戯曲。巨匠稲垣浩監督の手によって無声時代の傑作人情時代劇となった。戯曲と違うラストシーンは、監督が長谷川を説得したもの。何度も映画化されている「瞼の母」の中でも、片岡千恵蔵の本作は素晴らしい。上演のたびに多くの方が涙する。わたしにとっても特別な一作。

『番場の忠太郎　瞼の母』一九三一年、千恵プロ、七二分（縮刷版あり）、監督：稲垣浩、原作：長谷川伸、出演：片岡千恵蔵、山田五十鈴、常盤操子

嵐寛といえば！『鞍馬天狗』

『鞍馬天狗』といえば嵐寛、嵐寛といえば『鞍馬天狗』といわれるほどの当たり役となった人気シリーズ。倒幕を掲げて卑怯な輩を相手に鞍馬天狗が大活躍する、大人気を博した幕末ヒーローもの。これは講談社『少年倶楽部』に連載された大佛次郎の少年小説。映画化後大人のファンも獲得し、一九二四（大正一三）年から一九六五（昭和四〇）年まで四七作が発表されており、多くの名優が鞍馬天狗を演じているが、嵐寛寿郎主演作品は戦前戦後に渡って四六本にのぼる。

もともと歌舞伎役者だった嵐寛寿郎は一九二七年にマキノで映画出演し、翌年独立。一九二八年に立ちあげたプロダクションの記念すべき第一回作品がこの『鞍馬天狗』。「角兵衛獅子の巻」を原作にしていて、前后篇となってはいるが、完結していない。

時は文久二（一八六二）年。一世の風雲児鞍馬天狗は勤王の大志に燃えて大阪城内に潜入し、暗殺人別帖を焼却したが、水牢に閉じ込められてしまう。非常な親方長七のもとから鞍馬天狗に助け出されて以来彼を慕っていた角兵衛獅子の少年杉作が、今度は鞍馬天狗のおじさんを救おうと……。新撰組の近藤勇は好敵手。剣の腕も互角だが、互いに相手が不利なときにはとどめは刺さないという剣士道精神！

『鞍馬天狗』前后篇　一九二八年、嵐寛プロ、七五分、原作：大佛次郎、監督：山口哲平、出演：嵐寛寿郎、山本礼三郎、五味国枝

弱きを助け強きをくじく！『御誂治郎吉格子』

『忠次旅日記』を始めとする数々の大ヒット傑作時代劇を生み出した伊藤大輔、唐沢弘光、大河内傳次郎の名トリオの代表作。伊藤大輔の、ほぼ完全な形で現存する唯一のサイレント作品。伏見姉妹の共演も見もの。弱きを助け強きをくじく、義侠心にあふれた魅力的な江戸の大泥棒、姐御と言われた伏見直江の気丈なお仙、清純派の妹伏見信子の演ずるお喜乃、二人の女に想われる傳次郎演じる鼠小僧が、心憎い色男ぶり。

江戸を追われた治郎吉は、上方へとその身を移す。大阪へ向かう船の中でお仙という女と知り合い引かれ合うが、また、自分の江戸での悪事が原因で苦境に立たされている薄幸な娘

お喜乃をほっておくこともできなかった。京都を舞台に、浪花女お仙らの関西弁と治郎吉の江戸弁の使い分けが弁士の聞かせどころでもある。

『御誂治郎吉格子』一九三一年、日活、六五分、監督：伊藤大輔、出演：大河内傳次郎、伏見直江、伏見信子、高勢実乗、山本礼三郎

鏡花の原作を名画に！『瀧の白糸』

泉鏡花の戯曲『義血侠血』（一八九四年）を原作とし、何度も映画化されている『瀧の白糸』。これは溝口健二監督のサイレント期の最高傑作。愛する男のために尽くす女水芸人の姿を哀しく美しく描いた感動の名作で大好きな作品である。二二歳の入江たか子が自身の独立プロに溝口を招いて製作。水芸の太夫「瀧の白糸」役の入江は、二二歳とは思えぬ貫録と艶っぽさをたたえ、情に厚く潔く、悲しい運命の女として観るものを魅了する。相手役の岡田時彦は当時三〇歳。白糸の真心の援助を得て、書生から検事代理になる清廉潔白な青年を好演。原作との違いがいくつかあるが、女を描くことに長けた溝口と、入江の実兄である東坊城恭長の手によって、より白糸に共感の涙をそそる、ドラマティックで人情味のあふれるストーリーになっている。

二日公演の初日に号泣したお客さまが、次の日も友人連れで鑑賞しまた号泣。「次はいつ上演しますか」というくらい、非常に人気と満足度の高い一作。

『瀧の白糸』一九三三年、九八分、監督：溝口健二、原作：泉鏡花、脚本：東坊城恭長、増田真二、館岡健之助、出演：入江たか子、岡田時彦、村田宏寿、菅井一郎、浦辺粂子

失業の憂き目に人情を知る、小津安二郎監督『東京の合唱《コーラス》』

小津安二郎監督は、一九〇三（明治三六）年一二月一二日生まれ、一九六三（昭和三八）年一二月一二日没。一九二七年、松竹蒲田時代劇部で監督に昇進、師の大久保忠素や兄弟子斎藤寅次郎とともに、短編映画を作りながらアメリカの洗練された映画技法を学び、自らの主題と方法を確立していった。動きを押えた低位置からのカメラワーク、緻密な構成、モダンなタッチで小津スタイルを形成し、映画界第一級の存在として、生涯五四本の作品を残している。

『東京の合唱』は、不況時代の庶民の姿を描いた「小市民映画」と総称される小津映画の一つである。不景気、失業、就職難、そんななかで中流階級の、それほど厳しい経済苦境に立たされたことのなかった主人公が、「まあ、大丈夫さ」と笑ってばかりはいられない状況に立たされる。

不況時代の庶民の姿といっても、小津の場合、今日明日食うのにも寝るのにも困るような貧乏な家庭の悲惨さが描かれるわけではない。多少の上流階級はあっても、小津映画には大富豪を扱った作品もない、激動のドラマティックな展開があるわけでもない。とにかく平凡な中流サラリーマンの生活のなかで、悲哀や小さな喜びが綴られていくのである。ギャグが散りばめられ、軽いタッチで笑いとともに苦労を描いているからこそ、いまだに多くの人に支持されているのだろう。

懐かしき高校時代、体操もまともにやった試しのない岡島（岡田時彦）も、いまは大学を卒業し、保険会社のサラリーマン。結婚して三児のパパとなり、人並みの幸せな家庭を築いている。ところが、待ちに待ったボーナスの支給日に、とんだハプニングが起こる。隣席の老社員山田（坂本武）が解雇を言い渡された。その理不尽な理由に怒った岡島は社長に直談判。一歩も引かないやりとりはたいしたものだったが……奮闘虚しく、自分もともにクビになってしまった。

さあ、どうしたものか。息子（菅原秀雄）は「約束の自転車を買ってくれなきゃイヤだ、父ちゃんのうそつき！」とせがむ、娘（高峰秀子）は饅頭があたって病気になる。入院費には妻の着物を質入した金を当てたが、いつまでも無職のままではいられない。あるとき、職業紹介所の前でばったり会ったのが、高校時代の体操教師大村（斎藤達雄）。なんでも、定年退職後、洋食屋を始めたのだという。「一皿満腹主義」のカレー屋「カロリー軒」で、職が見つかるまで先生の手伝いをすることになった岡島だが……。

岡島役の岡田時彦は岡田茉莉子の父。『その夜の妻』（一九三〇年）、『淑女と髭』（一九三一年）でも主人公を務めている二枚目（半？）。芸名の名付け親は谷崎潤一郎。バタ臭い日本人離れしたハンサムで、「英パン」というあだ名があった。小津作品には四本出演、監督とは私生活でもとても親しかったらしいが、三〇代の若さで結核で他界したのはなんとも残念である。『大人の見る繪本 生れてはみたけれど』（一九三二年）では父さん役の斎藤達雄が大村馬吉先生役で好演。息子役は、同じく『生れてはみたけれど』でガキ大将の長男役演ずる菅原秀雄。娘役はこのころ松竹にかかせない子役スターとなっていた高峰秀子、当時四歳。坂本武も飯田蝶子も出演、脚本は遺作『秋刀魚の味』（一九六二年）まで小津作品を二六本手がけた名脚本家野田高梧。

「こんな状況、現代もあるある」とか、「こうしちゃうよね、人間は」などとおおいに頷く部分と、「あ！これ昔、小さいころにうちにもあったよ（蚊帳、ハエ取りなど）」という非常に懐かしい部分と、「この役者はうまいよね、監督お気に入りになるわけだよね」と感心させられる部分。笑って、どうなるのと心配して、また笑って……弁士としても語りながら観客と一緒にいつのまにか最後まで楽しめる作品である。

『東京の合唱』一九三一年、松竹蒲田、九一分、原作：野田高梧、監督：小津安二郎、出演：岡田時彦、八雲恵美子、斎藤達雄、菅原秀雄、高峰秀子

小津安二郎監督初のキネ旬ベストワン
『大人の見る繪本　生れてはみたけれど』

『生れてはみたけれど』は、小津監督の「小市民映画」の代表作であり、キネマ旬報で初めて第一位をとった作品。一九二九（昭和四）年の『大学は出たけれど』、昭和五年の『落第はしたけれど』に続く「けれど」もの三作目。「大学は出たけれど」就職先がない、「落第はしたけれど」就職できない同期を尻目に楽しい留年生活。そんな前二作以上に、「生れてはみたけれど」というタイトルは深刻だ。

麻布から蒲田あたりの郊外へ引っ越してきた吉井家。麻布でガキ大将だった二人の息子は、新しい土地では勝手が違い、最初はいじめられながらも、知恵を使って（以前ガキ大将だった酒屋の小僧を使って）、大将の地位を獲得する。兄弟は、世界中で一番偉いのは自分のお父ちゃんだと思っていたが、ある日、その父が、会社で専務にへこへこしていると知ると、幻滅と怒りでハンストを決め込む。しかもその専務は、自分たちの子分の父親。何としても二人は納得しがたいのであった。

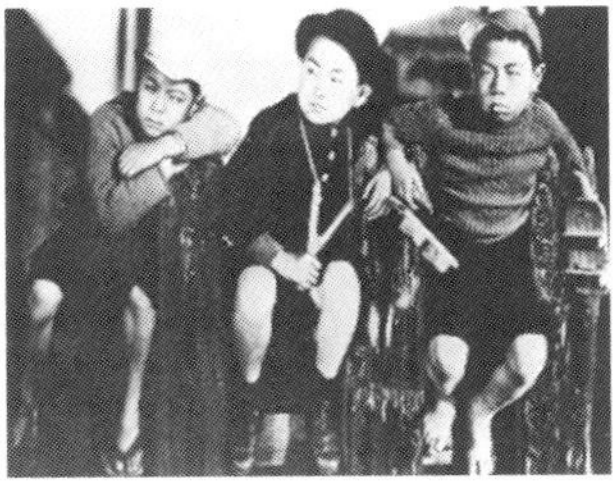

子どもにとっての序列は力でも、大人にとっては社会的立場がある。何が偉いか、どうして偉くないかは、子どもには理解しがたい。「子どもが初めて出会った大人社会の現実」を、ユーモラスな展開のなかで見事に描いた傑作。描かれたテーマはどの時代にも通じる。「生れてはみたけれど」に何か言葉が続くとしたら、「この世はとかく生きがたい」だろうか。この

タイトルには二つの意味が込められていると思っている。一つは上記のように、生まれた境遇によるものである。親の職業、地位、家庭環境など、生れたときから序列の中にいて、貧富の差を感じることも多々ある。親にしてみたら、出世や家族の安定のために上司にぺこぺこしたり、やりたくないこともやらねばならない。ほとんどの小市民が共感できる普遍的な「生きがたさ」である。

もう一つは時代によるものである。一九三二（昭和七）年は五・一五事件が起こり、前年の昭和六年には満州事変と、日本はどんどん軍国主義の色が濃くなっていた時代。見逃してしまうくらいのカットだが、子どもたちの通う学校の教室には『爆弾三勇士』と書かれた掛け軸が掲げられている。昭和七年、日本が満州侵略から世界の目をそらさせるために起こした上海事変。その際、敵軍三万五〇〇〇人に対し、日本兵は一〇〇〇人という状況のなか、三人の若い兵士が体いっぱいに爆弾を巻きつけ敵方に突進していった。彼らは英雄にまつりあげられ讃美され、映画や演劇、『爆弾三勇士』という歌まで作られて子どもたちは学校で歌ったほどだった。あの「爆弾三勇士」の書は、いまと変わらぬように見える教室の風景にとても異質な空気を生み出している。

また、ラスト近くに、父親が子どもたちに、「将来、何になるんだ?」と聞く親子の和解シーンがある。弟は「中将」と答え、「どうして大将にならないんだ?」と父に問われると、「兄ちゃんがなるんだからいけないって言ったよ」。当時の少年たちの憧れの職業は、なんといっても軍人だった。このシーンは、突如として「そういう時代の物語だった」ことを認識させる。そして、この子どもたちが成人したころ戦況は悪化し、多くの若者の命が戦争に奪われてしまう。『生れてみたけれど』は、無邪気でほのぼのとした生活の中に、戦争の影が落とされている作品でもあり、生れてはみたけれど、子どもたちにとってけっして明るくない未来が待っていることを暗示しているかのようである。

小津映画には欠かせない子役、突貫小僧が次男坊、斎藤達雄が父親役、吉川満子が母親役、会社の専務を坂本武と後々まで小津映画を支え続ける役者陣が顔を並べる。子役たちも大人たちも実に味がある。

この作品はどこで上演してもずっと笑いが絶えない。大人も子どもも一緒に楽しめる作品で、二〇一八年に朝日新聞『天声人語』にも取りあげていただいた。子どもたちがとてもイキイキしているのは小津監督の手腕でもある。彼らに弁士として命を吹き込む。この作品で生きて魅せてもらう。客は笑って、大人として身につまされて、人間を愛おしく思う。最後にその時代と、子どもの未来について思いをはせる。普遍性と時代性を併せ持つ、小津渾身の一作である。

『生れてはみたけれど』一九三二年、松竹蒲田、九〇分、原作：ジェームス・槇、監督：小津安二郎、出演：斎藤達雄、吉川満子、菅原秀雄、突貫小僧

文芸作品の走り『恋の花咲く　伊豆の踊子』

『伊豆の踊子』は、一九一八（大正七）年、川端が旧制第一高校二年当時の自身の伊豆旅行に想を得て記した抒情的小説。湯ヶ島から天城峠を越え湯ヶ野を経由して下田に至る四泊五日の行程で、旅芸人一座と道連れになり、その踊子薫に淡い恋心を抱く青春の一篇。当時、旅芸人は河原乞食と蔑まれ差別される対象だった。惹かれあう若い二人は、好意を抱いたまま別れを迎える。

一九三三（昭和八）年に五所平之助監督が踊子田中絹代、学生水原を大日方傳で撮った後、昭和二九年には野村芳太郎監督が美空ひばり、石浜朗で、昭和三五年に川頭義郎監督が鰐淵晴子、津川雅彦で、昭和三八年に西河克己監督が吉永小百合、高橋英樹で、昭和四二年恩地日出夫監督が内藤洋子、黒沢年男で、昭和四九年に再度西川克己監督が今度は山口百恵、三浦友和で映画化している。最初に映画化した五所平之助は、「伊豆の踊子が発表されてはじめて読んだときから、ぜひ映画化したいものだと希望していた。当時の映画界の状況では、純文学ものは映画化には絶対不適当だと言われていた」「伊豆の踊子のような淡い叙情詩的な作品は興行価値が稀薄で、シナリオもなかなかむずかしいものとされていた。たまたまわたしに会社を喜ばせるような仕事が何本かつづいた。その代価ともいうようなことで『伊豆の踊子』の映画化が実現する時期に恵まれたのである」（昭和四一年『キネマ旬報 別冊・シナリオ古典全集』）と述べている。

五所監督は、松竹蒲田の若手ホープだった。小津安二郎のほうがキネマ旬報ベストテンなどでは高い評価を得ているが、五所の作品のほうが大衆受けし、興行的にも成功していた。後によく「小津くんはいいねえ。何本も完全な形でフィルムが残っていて。ぼくのはよく売れたせいでほとんど残ってないよ」と話していたという。無声映画時代は、フィルムは中央の映画館で上映が終わるとどんどん地方へと売られていくシステムだったので、人気のあった作品ほど、たくさん上映され擦り切れたり燃えたり、短縮されて、保存状態が悪いものが多かった。五所監督だったから撮らせてもらえた純文学『伊豆の踊子』だったが、やはり原作そのままではストーリーが盛り上がりに欠けると考えたのだろう。伏見晃のシナリオは、原作にはない人物や事件が盛り込まれ、ところどころに笑いの要素も入って、多分にドラマティックになって

いる。また五所は、昭和六年に日本初の国産土橋式トーキー映画『マダムと女房』を手掛けた監督でもある。昭和八年の『伊豆の踊子』は、サイレント映画ではあるが、おそらく弁士の謳いあげのための不自然に長いラストシーン以外は、ほとんど作りはトーキーで、セリフの声を消し、字幕にして入れたようなわかりやすい作品である。無声映画末期の作品は、どれも完成度が高く、この年のキネマ旬報ベストテンの第一位は、小津安二郎の『出来ごころ』第二位が『瀧の白糸』、この作品は第八位であった。

二四歳の田中絹代が初々しく、なんとも可愛らしい。無邪気で素朴な踊子は絶賛を博した。田中の女優根性はこのころからいっぱしのもので、伊豆や信州での半年近くに渡る撮影中、終始本物の太鼓を背負って、背中にあざができるほどだったという。水原役の大日方傳も好きな俳優だ。わりと凛々しく男前で、感傷的な文学青年ぽさはないが、それがこの物語にはとてもあっている。

これまで何度も上演させていただいている作品だが、二〇一七年には、実際に川端康成も宿泊し「伊豆の踊子」の舞台にもなった湯ヶ野温泉の旅館「福田家」で全館貸切りの活弁上映会を開催いただき、大学の恩師も参加くださった。風情のある宿、大広間での『伊豆の踊子』鑑賞、美味しい料理、お酒、上質の湯、お客さまの笑顔。伊豆大島での活弁公演でも、踊子一行の宿泊した宿（現在は記念館）に立ち寄った。旅芸人の系譜の上にあるのかもしれない活動弁士という己が身を、しかしとても愛おしく感じるひとときである。

『伊豆の踊子』一九三三年、松竹蒲田、九三分、監督：五所平之助、原作：川端康成、出演：田中絹代、大日方傳、小林十九二、若水絹子

和製チャップリン、無声映画期ドタバタコメディ『子宝騒動』

『子宝騒動』は無声映画時代も末期、一九三五（昭和一〇）年の松竹蒲田作品である。貧乏人の子だくさん、失業中の亭主が、なんとかお金を手に入れようと奮闘する。少子化、子ども一人が当たり前のいまではあまり耳にしなくなった「貧乏人の子だくさん」が庶民の大多数を占めていたころの話。

子どもは一郎、二郎、三郎、松子に竹子、梅子。そしてまもなく七人目が産まれる身重の体で炊事洗濯、鳥の世話をするたくましい女房。支払いが滞り水道、ガス、電気が次々と止められるというのに、「なんとかなるさ」と勤め口も探さない福田さん。奥さんが急に産気づいたからさあたいへん！ナンセンスなギャグの連続で、思わずドリフターズを思い出してしまう。不景気だった時代を明るく痛快に笑いとばす、

このセンスはとにかくすごい。

監督は喜劇映画の神様といわれた斎藤寅次郎。フーテンの寅さんは寅次郎監督の名前からつけたという話も聞く。秋田県矢島町生れ、松竹キネマ助監督時代の一年後輩に小津安二郎がいる。戦前戦後喜劇映画で活躍、生涯に二〇七本の作品を撮っているが、残念ながら、無声映画時代の多くの喜劇作品の中で現在残っているのは、ほかに『モダン怪談一〇〇〇〇〇〇〇〇円』（一九二九年）、『石川五右衛門の法事』（一九三〇年）と数少ない。監督の真骨頂は、無声映画におけるスラップスティックコメディだと言われているだけに、この作品は貴重である。

主演の小倉繁は実にコミカルな動きがうまい。初めて観たときに、大笑いしながらずいぶんチャップリンに似ていると思ったのだが、実際「和製チャップリン」といわれた俳優である。松竹では小津監督の作品にも出演しているが、斎藤寅次郎監督とのコンビで蒲田ナンセンス人気喜劇役者となった。ドタバタ演技の軽妙なこと、百聞は一見に如かず、である。

『子宝騒動』一九三五年、松竹、三四分、監督：斎藤寅次郎、脚本：池田忠雄、出演：出雲八重子、小倉繁、藤松正太郎、高松榮子、谷麗光

日本初の女流脚本家による母と娘の物語
『明け行く空』

『明け行く空』は、「喜劇の神様」斎藤寅次郎監督の数少ない、ドタバタコメディ以外の初期秀作である。『子宝騒動』（一九三五年）とはずいぶん違う叙情的なタッチの母ものだが、ところどころに仕掛けられた「笑い」は、斉藤監督ならでは。まだ着物姿が日常のほのぼのとした農村で、素直な子どもたちと、苦労はあるが良心的な大人たちがくりひろげるドラマは、しんみりさせる部分と、くすくす笑わせる部分をあわせ持ち、古きよき時代を思わせる。

夫に先立たれた恭子は、やむなく産まれたばかりの愛娘玲子を残して婚家を去る。歳月が流れ、祖父と孫玲子が慎ましく暮らす湖畔の村へ、恭子が教会の宣教師としてやってくる。雑誌『少女の友』に連載された新井睦子の少女小説の映画化で、脚本は、松竹蒲田で母ものなどを多く手掛けた日本最初の女性脚本家水島あやめが担当した。

恭子役の川田芳子、玲子役の高尾光子は当時の母物映画には欠かせない存在だった。高尾は大正から昭和初期にかけて、「涙の名子役」といわれた日本映画界の子役スター第一

号。あくのない素直で素朴な演技とたたずまいがいい。その後をつぐのが、同じ年に松竹で製作された『母』（野村芳亭監督）で子役デビューした高峰秀子。ちなみにそれも母役は川田芳子である。一九二九（昭和四）年は松竹蒲田撮影所一〇周年。蓄音機が電気吹込みとなり、流行歌が急激に普及した年でもある。本作にも主題歌があり、「お馬の鈴はチンカラコ……」と画中に字幕が登場する。

『明け行く空』一九二九年、松竹蒲田、七二分、監督：斎藤寅次郎、脚本：水島あやめ、出演：川田芳子、高尾光子

日本のアニメキャラクター第一号『のらくろ』

アメリカのアニメキャラクター第一号といえば「ミッキー・マウス」。日本でアニメキャラクターの走りは、田河水泡の『のらくろ』であろう。戦前の「のらくろ」、戦後の「アトム」と言われるが、鉄腕アトムの生みの親手塚治虫も、田河水泡の影響を受けた多くの後輩の一人。『サザエさん』の長谷川町子も田川の弟子。わたし自身、「鉄腕アトム」ならば小さいころテレビで観た記憶があるが、さすがに「のらくろ」世代ではない。だが、親から聞いて知ってはいた「のらくろ」を戦前の無声漫画映画で観たときは感激だった。

「のらくろ」本名野良犬黒吉。漫画家田河水泡によって講談社の『少年倶楽部』で連載が始まったのは、一九三一（昭和六）年のことである。「何か子どもの喜ぶようなものを。子どもは犬が好きだから犬を主人公にしよう、兵隊ごっこが好きだから犬に兵隊ごっこをさせよう」そんな発想だった。家も親もないみなしごのチビ助「のらくろ」が、猛犬連隊に入隊し二等卒となる。ドジでまぬけだが懸命なその姿が受けて、初めは半年か一年の連載予定だったのが、戦後まで続く大連載となった。努力の甲斐あって、のらくろは一年後に星二つの「一等卒」、その後「上等兵」となり、昭和八年に「伍長」、九年に「軍曹」に昇進、一〇年にみごと「曹長」となる。一一年に「少尉」に任官、一二年に「中尉」に進級、一三年にはついに「大尉」に昇進するのである。

だんだんと昇進するにつれ、身体も大きくなり智恵もつき、我が物顔の振舞いも多くなってくるのだが、初期のころ、二等卒や一等卒時代ののらくろは実にかわいく、愛らしい。失敗ばかりで、ずいぶんまぬけで滑稽なこともするが、本人は一生懸命。ブル連隊長に怒られながらも、「くよくよするくらいなら前向きにやってみろ」といった持ち前の生命力で読者を笑いに引き込んでいく。読者は、みなしごで自分たちよ り不遇なのらくろ（のらくろのような四本足の先だけ白くあとは真っ黒な犬は「四つ白」と言って、昔から不吉とされ真

っ先に捨てられた）。そのいじらしい姿に笑いながら共感を覚え、勇気や元気を与えられた。読者から「のらくろ」へのファンレターは、「のらくろくん、休日帰る家がないなら僕のところへ遊びにおいでよ」、「進級おめでとう」など多いときにはダンボール一箱にも及んだという。このキャラクター像がわたしには、チャップリン映画の「チャーリー」像と重なって見えることがある。

昭和一四年に軍隊生活に終止符を打って大陸へ渡ったのらくろは、探検隊を組織し、他国の民族有志とともに「五族協和」、資源開発に努めるが、『少年倶楽部』昭和一六年一〇月号で、「人に知られない地下資源を開発するために奮闘します」と決意を表し、唐突に最終回を迎えてしまう。内閣情報局からの圧力が原因だった。

戦後、昭和三三年「のらくろ」は軍事ファン誌『丸』で連載を復活。昭和五五年まで続く。のらくろは最後は喫茶店のマスターだった。戦前戦後、半世紀にかけてファンを魅了し続けてきた「のらくろ」、いまだにどこに行っても歓迎される「のらくろ」人気の息の長さを感じている。

『のらくろ二等兵・教練の巻、演習の巻』一九三三年、横浜シネマ商会、『のらくろ伍長　軍旗祭の巻』一九三四年、同、『のらくろ一等兵』『のらくろ二等兵』一九三五年、瀬尾発声漫画、『のらくろ虎退治』一九三八年、同

映画『カツベン！』で紹介された名画
『ジゴマ』（Zigomar）

連続活劇映画流行の端緒を開いた大ヒット作品。フランスの怪盗、大泥棒の物語。怪盗ジゴマとZ団、それを追うポーリン探偵の大活劇。神出鬼没、変幻自在な大悪漢、怪盗ジゴマと探偵との闘いをスリリングに見せていく。

日本でも同じ年に『探偵奇譚ジゴマ』のタイトルで封切られ大ブームに！　怖くて失神する女性もいたとか。似たような作品がいくつもつくられ、多くの翻案小説が、後につながる探偵小説ブームを引き起こした。子どもにジゴマごっこが流行り、真似た犯罪が起こることにまでなって、翌年には上演禁止！　だがこれによって興業の動員数が三倍になり、その一九一二年のジゴマを含む映画の動員数は八五一万人。当

時の人口は推計五〇〇〇万人なので全国民の一七％が映画館に行ったことになる。現在上演するときも、子どもたちは、「うわぁ！」「ええっ？」「ああっ！」「はははっ！」などあちこちから声があがり、大人も子どもも楽しめる大傑作の一つ。

『ジゴマ』（Zigomar）一九一一年、仏、五四分、監督：ヴィクトラン・ジャッセ

『金色夜叉』（こんじきやしゃ）

尾崎紅葉が書いた明治時代の代表的な小説。読売新聞に一八九七（明治三〇）年一月〜一九〇二年五月まで連載され、一大ブームを巻き起こした。舞台化はもちろん、無声映画だけでも一九一二年から二〇作以上が製作されている。貫一がお宮を蹴り飛ばす熱海の海岸シーンは有名である。

高等中学校の学生の間貫一《はざまかんいち》の許婚であるお宮（鴫沢宮《しぎさわみや》）は金に憧れ、結婚を間近にして貫一を裏切って、富豪の富山《とみやま》唯継《ただつぐ》のところへ嫁ぐ。それに激怒した貫一は、熱海の海岸でお宮を問い詰めるが、お宮は本心を明かさない。貫一はお宮を蹴り飛ばし、復讐のために、高利貸しになる。一方、後悔に打ちひしがれ幸せに暮らせずにいたお宮は、貫一の恨みをとくためにその境遇を捨てようと思う。

『金色夜叉』一九一二年、横田商会。『金色夜叉』一九一八年、日活向島撮影所、貫一：藤野秀夫、お宮：衣笠貞之助。『金色夜叉』一九二二年、松竹キネマ蒲田撮影所、貫一：諸口十九、お宮：川田芳子『傑作集枠 金色夜叉（明治文壇海岸の悲劇）』一九二二年、松竹キネマ蒲田撮影所、貫一：岩田祐吉、お宮：栗島すみ子、など

『不如帰』

一八九八（明治三一）年翌年まで『国民新聞』に掲載された徳冨蘆花の出征小説。のちに出版されてベストセラーとなった。日清戦争下の文芸悲劇で、舞台化の後、何度も映画化されたが、日本初のスター女優栗島すみ子の人気で一九二二（大正一一）年の松竹キネマ作品がよく知られている。「人間は何故死ぬのでしょう。生きたいわ、千年も、万年も……」の浪子のセリフは有名。

片岡中将の愛娘浪子は、実家の冷たい継母、横恋慕する千々岩、気むずかしい姑に苦しみながらも、海軍少尉川島武男男爵との幸福な結婚生

活を送っていた。遠洋航海から戻った武男との短いが幸せなひととき。しかし風邪から結核にかかり、逗子に転地することになる。武男が日清戦争へ出陣してしまった間に、浪子は結核を理由に離婚を強いられ、夫を慕いつつ死んでゆく。

『不如帰』（ほととぎす）一九二二年、松竹キネマ蒲田、二五分、原作：徳富蘆花、監督・脚本：池田義臣、出演：栗島すみ子、岩田祐吉

『椿姫』（Camille）

原作は、『三銃士』で有名なフランスの小説家アレクサンドル・デュマの子息、アレクサンドル・デュマ・フィスの一八四八年の小説。一八四四年、自らが二〇歳のときに、貴婦人の品格をもったパリの高級娼婦と恋に落ちた。彼女はまもなく病死するが、彼女との思い出をつづった悲恋の物語『椿姫』が舞台化されて大ヒットし、オペラや映画などが現在に至るまで、世界中で何度も製作されている。一九三六年には、グレタ・ガルボ主演の映画『椿姫』がアメリカでヒット（相手役はロバート・テイラー）。日本でも、岡田嘉子の失踪で夏川静江がマルグリットの代役を務めた、いわくつきの作品がある。

この一九二一年の『椿姫』は、ロシア出身の実力派大女優アラ・ナジモヴァと、若きルドルフ・ヴァレンチノが共演した初期の傑作。「アラ・ナジモヴァによって初めて存在する映画」と絶賛された。アルマン役に大抜擢されたのは、『黙示録の四騎士』（一九二一年、レックス・イングラム監督）でカリスマ的人気が沸騰し、エキゾチックな容姿で女性を虜にしたルドルフ・ヴァレンチノ。撮影時、マルギュリット役のアラ・ナジモヴァは四二歳、ヴァレンチノは二六歳だった。美術を担当したのは、ナターシャ・ランボヴァ。余計なものをそぎ落とした、それでいて目をひく斬新なセットが芸術性の高い作品にしている。彼女は後に、わずか二年ほどで離婚となるもののヴァレンチノと結婚している。

冬。パリで『椿姫』と呼ばれた高級娼婦マルグリット・ゴーティエは、多くの取り巻きとパトロンに囲まれた贅沢三昧の生活に心身ともに疲れ果てていた。そこに現れたのが友人に紹介された青年アルマン・デュヴァル。アルマンは一目でマルグリットに恋をする。病気なのに無理をするマルグリットを気づかい、

愛を告げるアルマン。青年の正直な感情に最初は戸惑いを覚えていたマルグリットだったが、それまで感じ取ったこともない誠実な愛に気づき、二人は相思相愛の仲となった。

春、幸福な日々。アルマンは一冊の本をマルグリットに贈る。『マノン・レスコー』の物語。彼はそこに「愛をこめてマルグリットへ。アルマン・デュバル」としたためた。夏、マルグリットは享楽に溺れる生活を捨て、パリ近郊にあるアルマンの別荘で幸福のときを過ごすが、それは長くは続かなかった。息子のよからぬ噂を聞いて駆けつけたアルマンの父親が息子と別れるように迫ったのだ。「彼がいれば財産もなにもいらない。すべて清算するのです。彼だけは……」と言うマルグリットに、父親は「過去は消せない。あなたの過去が一家の名誉を汚すだけでなく、息子の将来をダメにする」と告げる。彼女は愛するアルマンのため身を引く決心をした。

秋。パリに戻ったマルグリットは、心ならずも新しいパトロンを作り、高級娼婦に戻った。事情を知らないアルマンは裏切られたと思い込み自暴自棄、自らも遊興にふけるようになる。カジノでマルグリットと居合わせたアルマンは、彼女に罵声を浴びせ、想いを残したまま去っていった。冬、マルグリットは病床についた。管財人が財産の差し押さえに来てすべてを持ち去ろうとするが、『マノン・レスコー』だけは渡さない。彼女はその本を抱きしめ「幸せだったわ……」とつぶやいて死んでいく。

『椿姫』(Camille) 一九二一年、米、六三分、監督：レイ・C・スモールウッド、原作：アレクサンドル・デュマ・フィス、美術：ナターシャ・ランボヴァ、出演：アラ・ナジモヴァ、ルドルフ・ヴァレンチノ、レックス・チェリーマン、アーサー・ホイト

『ノートルダムのせむし男』

今日まで何度も映画化、舞台化されているヴィクトル・ユゴーの小説『ノートルダム・ド・パリ』(一八三一年)の第一回映画化作品。一五世紀のパリ、ノートルダム寺院を舞台に、教会の権威主義、圧政にあえぐ庶民の蜂起、暴動と、当時の社会風刺を巧みに織り込んだユゴーの傑作が、ロマンチシズムあふれる映像で描かれる。怪優ロン・チェイニー演じる怪奇醜悪な鐘楼守カジモドと、パッシィ・ルース・ミラー演じる可憐な踊子エスメラルダの、悲しく美しい物語。

巨額の製作費を投じ、ハリウッ

ドに再現されたノートルダム寺院！　原作と違う部分も多いが、笑いと涙を誘う名作。

『ノートルダムのせむし男』（The Hunchback of Notre Dame）一九二三年、米、九八分、原作：ヴィクトル・ユゴー、監督：ウォーレス・ウォスレイ、出演：ロン・チェイニー、パッシィ・ルース・ミラー

『十誡』

この映画は二部構成で、第一部はモーゼがイスラエルの民を連れてエジプトを脱出、シナイ山で十誡を受けるという旧約聖書の物語、第二部の現代篇では、この旧約聖書の物語を母親が二人の息子に読んで聞かせたという形で始まる。真面目人間に成長した兄に対し、金儲けのためには不正も辞さぬ弟は妻がいるのに愛人に溺れ、不遇の最期を遂げる。

セシル・B・デミル監督を豪華スペクタクルの巨匠として有名にした超大作で、彼は一九五六年に、チャールストン・ヘストンをモーゼ役に、この作品をリメイクしている（『十戒』）。

『十誡《じっかい》』一九二三年、米、一三四分、監督：セシル・B・デミル、出演：セオドア・ロバーツ、シャルル・ド・ローシュ、エステル・テイラー、ニタ・ナルディ

『雄呂血』（おろち）

一九二五（大正一四）年六月、二三歳の若きスター、剣戟俳優の阪東妻三郎が東亜キネマから独立し、「阪東妻三郎プロダクション」を設立、記念すべき第一作として製作された作品。同時期に東亜キネマから独立した牧野省三が総指揮を執り、鬼才と呼ばれた寿々喜多呂九平がオリジナル脚本を書き、新進気鋭の映画監督二川文太郎が演出した。日本に「剣戟ブーム」を起こした記念碑的作品である。

後半二七分間にも及ぶ、阪東妻三郎の孤軍奮闘、大立ち回りはすさまじく、四方八方から次々に襲い来る捕り手（十手、捕縄、六尺棒、熊手、さすまた、袖からみとあらゆる捕り物道具に追いつめられる）を、走って走って、かわし、切り倒し、それまでの悠長な歌舞伎調の立ち回りの型を破って、観る者を驚かせた。そのスピーディな立ち回りを追うキャメラワークも、これまでの常識を覆す躍動的なものだった。

最初は『無頼漢《ならずもの》』というタイトルだったが、検閲からのクレームがつき、おびただしいシーンのカットの末、『雄呂血』に改称された。寿々喜多呂九平は最初「世に無頼漢と称する

者、そは天地に愧じぬ正義を理想とする若者にその汚名を着せ、明日を知れぬ流転の人生へと突き落とす、支配勢力・制度の悪ならずや」という字幕を挿入したが当局の検閲でカットとなり、現在残るフィルムには、冒頭に「世人……無頼漢と称する者必ずしも真の無頼漢のみにあらず善良高潔なる人格者と称せらるる者必ずしも真の善人のみにあらず　表面善事の仮面を被り裏面に奸悪を行う大偽善者　亦我らの世界に数多く生息する事を知れ……」という字幕が挿入されている。社会的メッセージが強く、大正デモクラシーの風潮に呼応して多くの観客の共感を呼んだ作品。

正義感の強い若侍、久利富平三郎（阪東妻三郎）は、師である漢学者松澄永山（関操）の娘奈美江（環歌子）に恋心を抱いていた。だが、師の誕生祝いの夜、同門の家老の倅浪岡の無礼が許せず腕力沙汰に及んだうえ、後日、奈美江のいかがわしい噂をしていた家中の若侍を懲らしめたことが仇になる。事情を知らぬ永山に無頼漢と誤解をうけて破門され、奈美江にも絶交されて、追われるように流浪の旅に出る。

自分が正しいと信じてやったことがことごとくまわりから曲解され、無頼の浪人となり下がる平三郎。町の小料理屋で働く千代（森静子）に心を寄せても、無頼漢と怖がられるばかり。捕吏に追われる平三郎を救ったのは侠客次郎三だったが、この侠客こそ、義侠の仮面を被った悪人だった。病に疲れた旅の夫婦を助けたまではいいが、その妻に言い寄り手篭めにしようとする。しかもその女こそ初恋の人奈美江だった。

平三郎は遂に憤怒の刃をはらう。次郎三を斬り捨てるが、十重二十重の追っ手に囲まれ、乱闘また乱闘の大立ち回りの末、力尽きて捕えられ、群衆の悪罵を浴び引かれていく。その中に、涙に濡れ平三郎を伏し拝む奈美江夫婦の姿があったことを、群衆のだれ一人知る者はいなかった。

『雄呂血』一九二五年、阪東妻三郎プロダクション、七四分、監督：二川文太郎、脚本：寿々喜多呂九平、製作総指揮：牧野省三、出演：阪東妻三郎、環歌子、森静子、中村吉松

【洋　画】

チャールズ・チャップリン

『黄金狂時代』（The Gold Rush）
1925年、米、82分、監督・脚本・主演：チャールズ・チャップリン、出演：マック・スウェイン、ジョージア・ヘイル
　ゴールドラッシュに沸くアラスカを舞台に描く、山師チャーリーの一攫千金の夢と恋の物語。チャップリン映画の最高傑作の一つ。
『街の灯』（City Light）
1931年、米、84分、監督・脚本・主演：チャールズ・チャップリン、出演：ヴァージニア・チェリル、ハリー・マイヤーヅ
　街の放浪者と盲目の花売り娘との恋物語。おかしく悲しいペーソスに満ちたチャップリン代表作。
『モダン・タイムス』（Modern Times）
1936年、米、監督・脚本・音楽・主演：チャールズ・チャップリン、出演：ポーレット・ゴダード、チェスター・コンクリン
　急速に機械化していく文明社会を痛烈に風刺した長篇喜劇。トーキー嫌いのチャップリンが『ティティナ』を歌い初めて声を聞かせたことでも有名。
『のらくら』（チャップリンのゴルフ狂時代）（The Idle Class）
1921年、米、32分、製作・監督・脚本：チャールズ・チャップリン、出演：エドナ・パーウ゛ィアンス、マック・スウェイン
　当時アメリカ上流社会で大流行していたゴルフを題材に、夫婦生活や上流社会への皮肉をギャグにして描く。チャップリンが紳士と放浪者の二役に扮している。
『チャップリンの消防夫』（The Fireman）
1916年、米、19分、監督・脚本・主演：チャールズ・チャップリン、共演：ミルドレッド・ハリス、エリック・キャンベル
　失敗ばかりの三等消防夫チャーリーが、惚れた娘の火事救出で大活躍。
『チャップリンの霊泉』（The Cure）
1917年、米、17分、監督・脚本・主演：チャールズ・チャップリン、出演：エドナ・パーヴィアンス、エリック・キャンベル
　当時日本では「アルコール先生」と呼ばれていたチャップリン。アル中紳士チャーリーが、療養に来た霊泉で大騒動。ドタバタがバレエのように優美。
『チャップリンの勇敢』（Easy Street）
1917年、米、20分、監督・脚本・主演：チャールズ・チャップリン、出演：エドナ・パーヴィアンス、エリック・キャンベル
　警察官になったチャーリーがある街に平和をもたらす。貧困・飢え・暴力のテーマをテンポよくまとめた作品。
『チャップリンの冒険』（The Adventure）
1917年、米、18分、監督・脚本・主演：チャールズ・チャップリン、出演：エドナ・パーヴィアンス、エリック・キャンベル
　脱獄囚チャーリーが、助けた令嬢に歓待されるが、途中でバレて大騒動。
『チャップリンの移民』（The Immigrant with Charlie）
1917年、米、18分、監督・脚本・主演：チャールズ・チャップリン、出演：エドナ・

パーヴィアンス、エリック・キャンベル
イギリスからの難民船に乗り、移民チャーリーが自由の国アメリカへ。果して、幸福は手に入るのか……？

『チャップリンの放浪者』（The Vagabond）
1916年、米、22分、監督・脚本・主演：チャールズ・チャップリン、出演：エドナ・パーヴィアンス、エリック・キャンベル
チャーリーは貧しい放浪の音楽家。あるとき、ジプシーの下僕として働く娘にひかれ、彼女を助け出す。二人の幸せな放浪生活が続くかと思ったが……。

『チャップリンのスケート』（The Rink）
1916年、米、15分、監督・脚本・主演：チャールズ・チャップリン、出演：エドナ・パーヴィアンス、エリック・キャンベル
ウェイターのチャーリーは、レストランを抜け出してスケート場へ。そこで出会ったかわいい彼女。同じ彼女に色目を使う大男はおデブの妻ともども浮気性で、チャーリーのスケートにひっかきまわされる。コミカルで美しいローラースケートが見どころ。

バスター・キートン

『キートンのセブンチャンス』（Seven Chances）
1925年、米、60分、監督：バスター・キートン、出演：バスター・キートン、ルース・ドワイヤー、ロイ・バーンズ
キートン映画の最高傑作とも言われる。今日の7時までに結婚すれば遺産が手に入ることになり若き青年が花嫁探しに奔走する。花嫁候補の大群に追われたキートンが障害物と格闘しつつ川や山を駆け抜けて行くシーンは圧巻！

『海底王キートン』（The Navigator）
1924年、米、60分、監督：ドナルド・クリスプ、バスター・キートン、出演：バスター・キートン、キャサリン・マクガイア
おぼっちゃまのロロは、恋する令嬢に求婚を断られ、無人の船で一人新婚旅行に行くハメに。大海原に乗り出した、キートンの破天荒映画。ほとんどのシーンが、海上の船の中、しかもたった2人のクルーというのに、奇想天外な仕掛けでまったく飽きさせない。アイデアと手腕はすばらしい。

『キートンの大列車強盗（キートン将軍）』（The General）
1925年、米、106分、監督：バスター・キートン、クライド・ブラックマン、出演：バスター・キートン、マリアン・マック、グレン・キャベンダー
「キートン将軍」ないしは「キートンの大列車強盗」の題でも知られるキートンの傑作集大成。機関車ジェネラル号を恋人同様に愛する機関士ジョニー・グレイは、恋人を乗せた機関車を列車ごと北軍スパイに奪われて、彼女たちを奪回せんと獅子奮迅の大活躍をする。

『キートンの蒸気船』（Steamboat Bill Jr.）
1928年、米、72分、監督：チャールズ・F・ライズナー、出演：バスター・キートン、アーネスト・トレンス、マリオン・バイロン、トム・マクガイア
アクロバットとトリック満載！喜劇王バスター・キートンの傑作無声喜劇。蒸気船長の頼りない一人息子が、お父さんや恋人を助けるため超人的な活躍を見せる。クライマックスの大嵐は最新のコンピュータグラフィックスもかなわない迫力。

『キートンの大学生』（College）
1927年、米、66分、監督：ジェイムス・W・フォン、主演：バスター・キートン
運動音痴のガリ勉青年が、愛する彼女を追って入学した大学で大奮闘。スポーツ万能のキートンの演技、ギャグのセンスに脱帽。
『キートンの西部成金』（Go West）
1925年、米、68分、監督・脚本：バスター・キートン、出演：バスター・キートン、キャサリン・メイヤーズ
西部へやってきた友だちのいない青年が、カウボーイとなって1頭の牝牛と友だちになる。しかし、牝牛は他の千頭の牛と共に屠殺場へ送られる日がやってきて……。
『キートンの探偵学入門』（Sherlock Jr.）
1924年、米、44分、監督・主演：バスター・キートン、共演：キャスリン・マクガイア、ジョー・キートン
キートン3作目の長編喜劇。痛烈な諷刺と映画ならではのセンスあるギャグが随所に生かされた傑作。
『キートンの文化生活一週間（マイホーム）』（One Week）
1920年 米、22分、監督・主演：バスター・キートン
新婚のキートンは、自力で組立住宅による新居建築を試みるが……。恋敵の邪魔が入ったり、暴風雨に襲われたり、散々。命がけのギャグ満載、色褪せない必見王道コメディ！
『キートンの強盗騒動（悪太郎）』（The Goat）
1921年、米、19分（23分版も）、監督・主演：バスター・キートン、マル・セント・クレア、出演：ヴァージニア・フォックス、ジョー・ロバーツ
強盗犯に間違えられ、警察官に追われるキートン！列車に自動車、トラック、馬の彫像まで！乗り物満載のアクション・コメディ！
『キートンの警官騒動』（Cops）
1922年、米、18分、監督・脚本：バスター・キートン、エディ・クライン、出演：バスター・キートン、ヴァージニア・フォックス
「偉い社長になったら結婚するわ」と言う市長の娘のハートを得るため、貧乏青年キートンは詐欺師に売り付けられたガラクタを積んだ荷馬車で街を行く。ところが警官たちのパレードに紛れ込んだばかりに……。
『キートンの化物屋敷』（The Haunted House）
1921年、米、21分、監督：バスター・キートン、エドワード・F・クライン、出演：バスター・キートン、ヴァージニア・フォックス、ジョー・ロバーツ
銀行強盗に間違われた銀行員の青年が、化け物屋敷に逃げ込んだことで起こる珍騒動。ファウストを演じていた舞台一座もやって来て……。コントのような幽霊ネタ連発のドタバタ喜劇。

ハロルド・ロイド

『要心無用』（Safety Last）
1923年、米、67分、監督：サム・テイラー、フレッド・ニューメイヤー、出演：ハロルド・ロイド、ミルドレッド・デイビス
ロイド喜劇傑作中の傑作、内気な青年の恋物語。良家の令嬢を恋人に持つロイドは、しがない某デパートの店員。彼女と結婚するために、一世一代の離れ業をやってのけること

に！息を飲む、これぞサイレントの醍醐味。
『猛進ロイド』（Girl Shy）
1924年、米、80分、監督：サム・テイラー、フレッド・ニューメイヤー、出演：ハロルド・ロイド、ジョビナ・ラルストン
こちらもロイド喜劇傑作中の傑作、これまた内気な青年の恋物語。皮肉で痛快な女性分析や後半の活劇的展開も素晴らしい。
『豪勇ロイド』（Grandma's Boy）
1917年、米、短縮版16分、監督：フレッド・ニューメイヤー、出演：ハロルド・ロイド
気の弱いおばあさん子のハロルドが、御守りをもって大変身！
『ロイドのパパさん』（I do）
1919年以前、米、11分、出演：ハロルド・ロイド
2人の子どものパパロイドさんの子育て？ドタバタ奮闘記。

コメディ

『キルトとズボン』（Putting Pants on Philip）
1925年、米、監督：クライド・ブルックマン、出演：スタン・ローレル、オリバー・ハーディ
英国から来る甥を迎えに行くと、彼はなんとスカートをはいていた……。ヤセとデブの「極楽コンビ」として人気を博したローレル＆ハーディの短編喜劇。
『チビッコギャング・ドッグデイズ』（Dog Days）
1925年。米、12分、製作：ハル・ローチ、出演：ジョウ・コップ、ジャッキー・コウドン、ファリナ
1922年にハル・ローチが発案して作り始めた人気シリーズ。腕白ざかりのチビッコ集団が、大人の真似事をして笑いを巻き起こす。
『チビッコギャング・モンキービジネス』（Monkey Business）
1926年、米、11分、製作：ハル・ローチ、出演：ジョウ・コップ、ジャッキー・コウドン、ファリナ
チビッコギャングたちがサルを味方に巻き起こす珍騒動。
『ドタバタ撮影所』
1910年代後半、米、11分、監督・主演：詳細不明
ハリウッドでのシナリオライターを目指す青年ジョニーが、撮影所に紛れ込んで引き起こす抱腹絶倒のドタバタコメディ。ライオンやワニが入り乱れての珍騒動は、どの上映会でも大人気！
『爆進ラリー』『ラリーの美容師』『ラリーのスピーディ』
1920年前後、米、合計20分、監督：マック・セネット、出演：ラリー・シモン
ラリー・シモンのドタバタ短編喜劇オムニバス。タイトル通り、超スピーディ！
『メーベルの劇的な半生』（Mabel's Dramatic Career）
1913年、米、5分、監督：マック・セネット、出演：メーベル・ノーマンド、マック・セネット
家事手伝いのメーベルが、恋に敗れ、映画女優になったことで引き起こされる騒動を描く。「喜劇の王様」マック・セネットが監督・出演している。

『機械人形』（A Clever Dummy）
1917 年、米、27 分、監督：ハーマン・レイメイカーほか、出演：ベン・ターピン、チェスター・コンクリン、ウォーレス・ビアリー
人気喜劇俳優ベン・ターピンが、自分そっくりのロボットになりすまして、周囲を巻き込んでゆくドタバタ喜劇。
『デブの自動車屋』（The Garage）
1919 年、米、20 分、監督・主演：ロスコー・アーバックル、出演：バスター・キートン、ハリー・マッコイ
自動車屋を舞台に繰り広げられるドタバタコメディ映画。町の自動車屋となったデブ君と相棒キートンは、ダメコンビ。修理しているのか壊しているのか……そんななか、どこかで大火事が発生。大急ぎで消火に向かうが……。
『南北珍雄腕比べ』（Hands Up!）
1926 年、米、53 分、監督：クラレンス・G・バッジャー、出演：ジョージ・A・ビリングス、ヴァージニア・リー・コービン
主人公は南軍のスパイ、次々と襲う危機を乗り越えていくが……。アメリカの文化遺産に指定された喜劇映画。

アメリカ映画

『第七天国』（7th Heaven）
1927 年、米、117 分、監督：フランク・ボーゼイギ、原作：ヘルマン・ズーデルマン、脚本：ベンジャミン・グレイザー、出演：ジャネット・ゲイナー、チャールズ・ファレル
無声映画史上最高の名画の一つ。生きる勇気と愛を謳う、第一次世界大戦下のパリを舞台にした感動のメロドラマ。第 1 回アカデミー賞の監督賞、女優賞、脚本賞を受賞。キネマ旬報ベストテン第 1 位。
『結婚哲学』（The Marriage Circle）
1924 年、米、85 分、監督：エルンスト・ルビッチ、出演：アドルフ・マンジュー、マリー・プレヴォスト
有閑紳士淑女のお洒落な恋愛遊戯。機智と皮肉に富んだ演出で、映画の神様といわれたルビッチが描く艶笑喜劇の傑作。
『イバニエズの激流』（The Torrent）
1926 年、米、70 分、監督：モンタ・ベル、出演：グレタ・ガルボ、リカルド・コルテス
グレタ・ガルボのハリウッド第一回主演作。貧しさゆえに恋人との仲を引き裂かれ、故郷の村を離れてパリで歌姫となった女の数奇な運命を描く。
『スージーの真心』（True Heart Susie）
1919 年、米、89 分、監督：D・W・グリフィス、出演：リリアン・ギッシュ、ロバート・ハーロン
大好きなウィリアムが大学に行って立派な人になれるよう、こっそり助けてあげる、まじめでやさしいスージー。でもウィリアムはスージーが恩人だと全然気づかない。スージーのやさしさは報われるのか。
『散り行く花』（Broken Blossoms）
1919 年、米、66 分、監督・脚本：D・W・グリフィス、出演：リリアン・ギッシュ、リ

チャード・バーセルメス
　アメリカ映画の父と呼ばれるグリフィスが、ロンドンの貧民窟を舞台に描いた、リリアン・ギッシュ主演の古典的悲恋メロドラマ。
『東への道』（Way Down East）
1920 年、米、105 分、監督・脚本：D・W・グリフィス、出演：リリアン・ギッシュ、リチャード・バーセルメス、ローウェル・シャーマン
　ニューイングランドの片田舎の娘が男に騙され傷つきながら、障害を乗り越え本当の愛を見つけるまでの愛の軌跡。
『嵐の孤児』（Orphans of The Storm）
1922 年、米、150 分、監督・製作・脚色：D・W・グリフィス、出演：リリアン・ギッシュ、ドロシー・ギッシュ、ジョセフ・シルドクラウト、モント・ブルー
　フランス革命前後のパリを舞台に過酷な運命に巻き込まれていく孤児を描いた、グリフィス監督の代表作。リリアン・ギッシュ、ドロシー・ギッシュの姉妹が、激動の時代を生きた孤児の姉妹を演じ、それぞれの持ち味を存分に発揮している。歴史絵巻としてもメロドラマとしても優れた大作。
『男性と女性』（Male and Female）
1919 年、米、93 分、製作・監督：セシル・B・デミル、脚本：ジャニー・マクファーソン、原作：J・M・バリー、出演：グロリア・スワンソン、トーマス・ミーアン
　舞台はイギリス。貴族の娘メアリーに、かなわぬ恋をしている執事のクライトン。しかし、貴族一家と使用人たちの旅行中、船の座礁で無人島に流され、しだいに立場が変わっていく……。サイレント期のハリウッド大女優グロリア・スワンソンの出世作。入浴シーンも当時話題となった。原作は『ピーター・パン』の作者として知られるバリーの戯曲。『十誡』（1923 年）で有名なデミル監督サイレント期の風刺が効いた傑作ドラマ。
『燻ゆる情炎』（Smouldering Fires）
1925 年、米、73 分、監督：クラレンス・ブラウン、出演：ポーリン・フレデリック、ローラ・ラプラント、マルコム・マクグレゴア
　愛するがゆえに自らを犠牲にする女。キャリアウーマンを演ずる名女優ポーリン・フレデリックの卓抜した演技と、若き日のクラレンス・ブラウンの手腕が光る。
『シーク』（The Sheik）
1921 年、米、80 分、原作：エディス・M・ハル、監督：ジョージ・メルフォード、出演：ルドルフ・ヴァレンチノ
「ロマンスと冒険に富んだ大映画」と絶賛されアメリカで大ヒット、冷徹なアラブの酋長を演じ、そのエキゾチックな魅力でヴァレンチノの名を不動にした彼の代表作。ベストセラーになった原作の小説が面白い。
『熱砂の舞』（The Son of The Sheik）
1926 年、米、68 分、監督：ジョージ・フィッツモーリス、出演：ルドルフ・ヴァレンチノ
　31 歳の若さで急逝した伝説の美男ルドルフ・ヴァレンチノの遺作にして最高傑作。『シーク』の続編で、アラブの酋長シークの息子アーメッドが主人公。より魅力的になったヴァレンチノが、二役を演じている。砂漠を舞台にしたロマンチックな恋愛劇。
『ダグラスの三銃士』（The Three Musketeers）
1921 年、米、119 分、監督：フレッド・ニブロ、原作：アレクサンドル・デュマ、出演：ダグラス・フェアバンクス、レオン・バリー、ジョージ・シーグマン、ユージン・ポ

レット、アドルフ・マンジュー
　アレクサンドル・デュマの人気伝奇小説の映画化。1625年のフランス、片田舎ガスコーニュ出身の立伸出世を夢見る若者ダルタニアンが銃士になるべく都会パリに出てきて、銃士隊で有名なアトス、ポルトス、アラミスの三銃士と協力しながら、迫りくる困難を解決していく爽快な物語。名優ダグラス・フェアバンクスが、快男児ダルタニアンを見事に演じ、アメリカ剣劇史にあらたな道を開いた大作活劇。
『三悪人』（3 Bad Men）
1926年、米、92分、監督：ジョン・フォード、出演：ジョージ・オブライエン、オリーヴ・ボーデン、ルー・テリジェン
　巨匠ジョン・フォードのサイレント時代の最高傑作といわれる西部劇。19世紀後半、アメリカ西部では土地解放が行われ、世界中から新しい生活を夢見た開拓農民たちがやってくる。特に、金が出るという噂のダコタ地方には大勢が押し寄せていた。スタンリーら、お尋ね者3人組は、大移動する幌馬車を襲撃しようと企んでおり……。
『ピーターパン』（Peter Pan）
1924年、米、101分、監督：ハーバート・ブレノン、原作：J・M・バリー、出演：ベティ・ブロンソン、アーネスト・トレンス、メアリー・ブライアン
　ある夜、ピーターパンがウェンディたちの前に現れた！魔法の粉で空を飛べるようになったウェンディたちは、ピーターパンに連れられてネバーランドに行くことに。子どもたちの冒険がはじまる。
『ロスト・ワールド』（The Lost World）
1925年、米、63分、監督：ハリー・O・ホイト、原作：アーサー・コナン・ドイル、特撮：ウィリス・H・オブライエン、出演：ベッシー・ラヴ、ルイス・ストーン、ウォーレス・ビアリー、ロイド・ヒューズ
　90年前の元祖恐竜映画！ 恐竜の現存を主張する学者一行が南米大陸に出かけ、恐竜たちと遭遇、未知の冒険を体験する。恐竜を捕えロンドンに連れ帰るが……。「キングコング」の生みの親レイ・ハリーハウゼンの師匠であるウィリス・H・オブライエンが初のストップモーション特殊撮影を駆使して制作した伝説的作品。
『涙の船唄』（The Jack Knife Man）
1920年、米、60分、監督：キング・ヴィダー、出演：フレッド・ターナー、ハリー・トッド、フローレンス・ヴィダー
　後に『チャンプ』（1931年）などで知られる名匠キング・ヴィダーの、詩情あふれる初期の名作。アメリカで一番長いミシシッピ川では、貧しいピータ・レインという老人が船を浮かべて、一人で暮している。嵐の一夜その舟へ一婦人と可愛い子どもが訪ねてきた。女は翌朝この世を去り、レインは子どもバッディと一緒に暮らすことになる。しだいに心を通わせ、我が子のように可愛がっていたバッディを手放さなければならない日がきた。
『先史時代』（Brute Force）
1913年、米、30分、監督：D・W・グリフィス、出演：ロバート・ハーロン、メイ・マーシュ、ウィルフレッド・ルーカス、チャールズ・ヒル・メイルズ
「映画の父」グリフィス監督による、発明家の青年が見た先史時代の夢の話。同じ男（ロバート・ハーロン）と女（メイ・マーシュ）が現代と原始時代を行き来するコメディ。
『大列車強盗』（The Great Train Robbery）
1903年、米、11分、監督：エドウィン・S・ポーター
　強盗団が列車を襲ってきた！馬と列車と拳銃と、西部劇がここに誕生！「アメリカ映画

のパイオニア」ポーター監督による、アメリカ映画では初めてといえる本格的な筋立てを持った作品。

『アメリカ消防夫の生活』（Life of an American Fireman）

1903年、米、7分、監督：エドウィン・S・ポーター

消防馬車を何台も連ね、火事場に入って親子を助ける消防夫たちの話。消防士の日常の記録撮影とスタジオでの撮影を合わせて構成、同じシーンを別の角度から撮影して編集したE・S・ポーター初期の作品。

『鷲の巣から救われて』（Rescued from an Eagle's Nest）

1907年、米、8分、監督：J・サール・ドーリー、監修：エドウィン・S・ポーター、出演：ヘンリー・B・ウォーソル、ミス・アール、ジニー・フレイザー、D・W・グリフィス

鷲にさらわれた赤ん坊を救出するお話。D・W・グリフィスの映画俳優デビュー作。舞台装置家ロバート・マーフィの手による大鷲とその大鷲が赤ちゃんをさらう様子は見事。

イギリス映画　アルフレッド・ヒッチコック作品

『下宿人』（The Lodger）

1927年、英、80分、監督：アルフレッド・ヒッチコック、出演：アイヴァ・ノヴェロ、ジューン、マリー・オールト、アーサーチェスニー

ヒッチコック・サスペンスの誕生を告げる歴史的名作！第3作にして初のサスペンスだが、言葉（字幕）に頼らず映像で語るヒッチコックらしい技法が随所に示され、見応えのある傑作となっている。物語は、霧のロンドンの連続殺人事件をめぐって展開。女性犠牲者に下から照明をあてて金髪の輝きを強調したり、二階を歩き回る下宿人を一階の天井を透明にしたセットで下から撮影して音を演出したり。ユーモラスなやり取りもあり、初期のヒッチコックを堪能できる。お馴染みのヒッチコック自身の登場もすでにあって、冒頭の通信社の記者と、下宿人が追いつめられる場面の野次馬として姿を見せている。

『リング』（The Ring）

1927年、英、89分、監督・脚本：アルフレッド・ヒッチコック、出演：カール・ブリッソン、リリアン・ホール＝ディビス、イアン・ハンター

ヒッチコック自身の脚本を初めて映画化した重要な作品。見世物小屋渡りのアマチュア・ボクサー、ジャックはプロのヘビー級チャンピオン、ボブの練習相手に選ばれ生活が安定したのを機に、見世物小屋の切符売りの娘ネリーと結婚する。しかし、彼女はボブに言い寄られ……。「リング」は、ボクシングのリングでもあり、主人公ジャックがネリーに送った結婚指輪やボブが送った腕輪の意味もかけてある。ヒッチコックはこの意味の重なりを視覚的な効果として見事に使いこなし、映画的快楽へ観る者を誘っている。

『ふしだらな女』（Easy Virtue）

1928年、英、60分、監督：アルフレッド・ヒッチコック、原作：ノエル・カワード、出演：イザベル・ジーンズ、フランクリン・ダイアル、イアン・ハンター

当時の人気作家ノエル・カワードの戯曲の映画化作品。若い画家と不倫の罪で離婚となった女ラリータは、その後南フランスで若いイギリス紳士ジョンと知り合い、再婚する。が、不運な巡り合わせの醜聞の果てに……。南フランスの華やかな避暑地リヴィエラを舞台にした点で、後年の『泥棒成金』（1955年）を予知させる感もある。ヒロインと青年貴族との結婚の成立を電話を盗み聞きする交換手の表情だけで示すなど、ヒッチコックの

映画的技法の冴えを示している点でも興味深い作品。

『**農夫の妻**』（The Farmer's Wife）

1928 年、英、97 分、監督：アルフレッド・ヒッチコック、原作：イーデン・フィルポッツ、出演：ジェイムソン・トーマス、リリアン・ホール＝デイヴィス

イギリス南西部、デヴォンシャーの農夫スウィートランドは、娘を嫁がせやもめ暮らしをしているが、後添えを得ようと決め、婚活を始める。家政婦のミンタと相談して、4 人の女性を候補に求婚するが……。主人公の愛すべき愚かさを温かい目で揶揄しつつ軽妙に描く田園喜劇風の語り口は、ヒッチコックのコメディタッチが冴え、活弁の楽しい一作。

『**マンクスマン**』（The Manxman）

1929 年、英、83 分、監督：アルフレッド・ヒッチコック、原作：サー・ホルン・ケイン、出演：カール・ブリッソン、マルコム・キーン、アニー・オンドラ

ケインの有名な文芸小説を映画化した、ヒッチコック最後のサイレント作品。「マンクスマン」は、アイルランド海に浮かぶマン島の住民という意味。マン島の幼馴染み 3 人が不運な三角関係に陥って追い詰められていく物語が、水車小屋の挽臼や、夜の海面とインク壺の二重像などを象徴的イメージとして巧みに描かれている。

ドイツ映画

『**巨人ゴーレム**』（Der Golem）

1920 年、独、63 分、監督：パウル・ヴェゲナー、カール・ボエゼ、出演：パウル・ヴェゲナー、アルベルト・スタインリュック、エルンスト・ドイッチュ

中世、最も奇怪と豪奢を極めた都プラーグ（プラハ）を舞台に、ユダヤ寺院で発見された粘土の巨人像が古えの呪文によって命を吹き返し、自らの意志を持ち始める。古城内のゲットーには虐げられたユダヤ人たちが幽閉されていて……。第一次大戦敗戦後のドイツで大いに支持された一作。ドイツの名優パウル・ヴェゲナーが主演、共同脚本、監督も務めている。特撮映画、ホラー映画の先駆けとしても名高い。

『**吸血鬼ノスフェラトゥ**』（Nosferatu Ein Symphonie Des Glauens）

1922 年、独、63 分、監督：F・W・ムルナウ、出演：マクス・シュレック、アレクサンダー・グラナッハ

巨匠ムルナウ監督による、恐怖映画の定番、吸血鬼伝説の元祖といえる作品。ブレーメンに住む不動産業者のハーカーは、仕事でトランシルバニアのドラキュラ伯爵の古城へ行くことに。しかしそこで次々に奇怪な事件が……。無気味な雰囲気の中にロマンが漂う作品。

『**パンドラの箱**』（Die Büchse der Pandora）

1929 年、独、132 分、監督：G・W・パプスト、原作：フランク・ヴェデキント、出演：ルイーズ・ブルックス、カール・ゲーツ、フリッツ・コルトナー、フランツ・レデラー

戦前のドイツ映画を代表する監督の一人であるG・W・パプストが、当時ドイツでセンセーショナルな話題を博していたヴェデキント原作の戯曲『地霊』とその続編『パンドラの箱』を映画化した作品。〝魔性の女ルル〟を演じるルイーズ・ブルックスの、無邪気で子どものように無垢で奔放な存在感が、この作品を独特の魅力あるものにしている。

『**嘆きの天使**』（Der Blaue Engel）

1930 年、独、無字幕版トーキー、107 分、監督：ジョセフ・フォン・スタンバーグ、出演：マレーネ・ディートリッヒ、エミール・ヤニングス

スタンバーグが無名のディートリッヒを主役に起用し、世界的大スターにした作品。ディートリッヒの愛くるしい微笑みと美しい肢体、刺激的なエロティシズムに、観客も魅了されていく。この「天使」に魅せられ、実直な教師から道化へと朽ちて行く哀れな男を、ドイツーの名優エミール・ヤニングスが好演している。

『モンブランの嵐』（Sturme Uber dem Montblanc）
1930年、独、縮刷版24分、監督：アーノルド・ファンク、出演：レニ・リーフェンシュタール、ゼップ・リスト

アルプスの最高峰モンブランを舞台にした恋と冒険の物語。山岳映画の巨匠アーノルド・ファンクの初期作品。100歳まで新作映画を撮り続けたレニ・リーフェンシュタールの若き日の姿が、美しい映像とともに蘇る。

フランス映画

『イタリアの麦藁帽子』（Un chapeau de paille d'Italie）
1927年、仏、73分、監督：ルネ・クレール、出演：アルベール・プレジャン、オルガ・チェホヴァ、マリーズ・マヤ、アリス・ティソ

結婚式の当日、馬車で式に向かう新郎は、途中、とある貴婦人の麦藁帽子をダメにしてしまう。貴婦人と逢引中だった浮気相手の将校は激昂し、「いますぐに弁償せよ」と新郎に迫る。結婚式か？帽子の弁償か？花婿はこの窮地から脱出できるのか……？抱腹絶倒、ルネ・クレールのエスプリの効いたドタバタラブコメディ。

『極地征服』（A la conquête du Pôle）
1912年、仏、8分、監督・主演：ジョルジュ・メリエス

トリック映画の祖、メリエスが描く不思議な北極探検の旅。

『雪の騎士』（Le chevalier des neiges）
1912年、仏、19分、監督：ジョルジュ・メリエス

黒騎士にさらわれた婚約者を取り戻しに旅立つ雪の騎士の物語。

『リュミエールの実写集』
1895年～、仏、14分

リュミエール兄弟の発明した映画が、1895年12月23日、パリのグラン・カフェの地下で初めて一般公開された。それから彼らは映写技師を世界各地に派遣してシネマトグラフを広めつつ、各地の映像を実写させた。その記録を集めた実写集。

マックス・ランデー

初期のフランスで絶大な人気を誇った喜劇役者マックス・ランデーの短篇喜劇。

『マックスの近視眼』（Le duel d'un monsieur myope）
1910年、仏、6分、監督：リュシアン・ノンゲ、出演：マックス・ランデー

『マックスの快癒』（Max en convalescence）
1911年、仏、10分、監督：マックス・ランデー、出演：マックス・ランデーとその家族

『マックスと犬』（Max et son chien Dick）
1911年、仏、9分、監督・主演：マックス・ランデー、出演：ジェーン・ルヌアール、犬のディック

『マックスの農場恋愛詩』
1912 年、仏、10 分、監督・主演：マックス・ランデー
『マックスとピアノ（マックスの音楽家）』
1912 年、仏、9 分、監督：マックス・ランデー

ロシア映画

『十月』（Октябрь）
1928 年、ソ連、101 分、監督：セルゲイ・エイゼンシュテイン、グリゴリー・アレクサンドロフ、原作：ジョン・リード
　エイゼンシュテインが、ソビエト革命十周年記念映画として製作した作品。『戦艦ポチョムキン』『ストライキ』（1925 年）とともに革命三部作として知られ、エイゼンシュテイン独自のモンタージュ手法で、1917 年の 3 月から 11 月までの激動するソビエトを再現している。この作品には、実際にレーニン率いるボリシェヴィキが権力を掌握した十月革命で蜂起した人々が多く参加しており、エイゼンシュテインの天才的な映像技術とともにそのリアリズムは際だっている。
『アエリータ』（Аэлита）
1924 年、ソ連、84 分、監督：ヤーコフ・プロタザーノフ、原作：アレクセイ・トルストイ、脚本：アレクセイ・ファイコ、フェオドール・オッエップ
　文豪トルストイの原作を映画化したソ連初のSF映画。ロケット設計に没頭する若い技師ローシは、煩わしい地球での生活から逃げ出すように火星に向かって飛び立つのだが……。ロシア・アヴァンギャルドに支えられた美術と衣裳が全編を彩る。

イタリア映画

『アッスンタ・スピーナ』（Assunta Spina）（邦題『ナポリの恋』）
1915 年、伊、47 分、原案：サルヴァトーレ・ディ・ジャコモ、監督：グスタヴォ・セレーナ、出演：フランチェスカ・ベルティーニ、グスタヴォ・セレーナ
　イタリア映画が世界を席巻していた頃、最初のディーヴァ（人気女優）として世界中で絶大な人気を誇ったフランチェスカ・ベルティーニ主演の話題作。ナポリの娘の情愛と薄幸を描いた、ヴェリズモ（真実主義）映画の代表作。非常にイタリアらしい作品。

【邦　画】

小津安二郎監督

『浮草物語』
1934 年、松竹キネマ蒲田、87 分、監督：小津安二郎、出演：坂本武、飯田蝶子、八雲理恵子、坪内美子、三井秀男、突貫小僧
　旅芸人一座の座長喜八をとりまく人間模様を描く。父と子の愛情、男と女の愛憎を、時代とともに浮草稼業の一座に反映させた「喜八もの」シリーズの代表作。『キネマ旬報』1 位。

『出来ごころ』
1933年、松竹キネマ蒲田、101分、監督：小津安二郎、出演：坂本武、大日方傳、飯田蝶子、伏見信子、突貫小僧
「喜八もの」と呼ばれる小津監督の下町人情喜劇シリーズの決定版。裏長屋に住む喜八と息子富夫（突貫小僧）の親子の愛、友情、人情、不器用な恋、笑わせ泣かせる名作。『キネマ旬報』第1位。
『東京の女』
1933年、松竹キネマ蒲田、47分、監督：小津安二郎、脚色：野田高梧、池田忠雄、出演：岡田嘉子、江川宇礼雄、田中絹代
左翼への弾圧が強まり、政治結社の活動等は描けなくなったころの作品。この年は自殺者も急増し、暗い時代を反映した作品となった。
『淑女と髯』
1931年、松竹キネマ蒲田、75分、監督：小津安二郎、原作・脚色：北村小松、出演：岡田時彦、川崎弘子、飯田蝶子、伊達里子、月田一郎
ひげ面の剣道部バンカラ大学生とオフィス・ガールの恋を、ナンセンス喜劇に仕立てた佳作。ギャグセンスにたけた岡田時彦の二枚目半ぶりがこの作品を際立たせている。
『その夜の妻』
1930年、松竹キネマ蒲田、66分、監督：小津安二郎、脚色：野田高梧、出演：岡田時彦、八雲恵美子、市村美津子、斎藤達雄
「着物でなければアメリカ映画そのもの」と評された、ハリウッドの影響色濃い小津のサスペンス映画。普通の真面目な男が、あるとき病気の娘のために罪を犯す。その夜、妻はという夜9時から朝9時までを描いた物語。
『落第はしたけれど』
1930年、松竹キネマ蒲田、77分、監督・原作：小津安二郎、脚色：伏見晁、出演：斎藤達雄、田中絹代、突貫小僧
『大学は出たけれど』に続く小津の「けれど」もの。主人公高橋はカンニングに失敗し、落第はしたけれど、就職難のため卒業した仲間は仕事がなく、留年した高橋をうらやましがるというオチ。無声映画なのに音が聴こえてきそうなほどテンポのよい、リズムのある傑作コメディ。
『大学は出たけれど』
1929年、松竹キネマ蒲田、縮刷版16分、監督：小津安二郎、原作：清水宏、出演：高田稔、田中絹代、鈴木歌子
社会状況が現在と似ている昭和4年の小津作品。就職難のなか、のんきな青年も許婚の姿に成長していく。小津の笑いのセンスが見える。
『学生ロマンス　若き日』
1929年、松竹キネマ蒲田、103分、監督：小津安二郎、原作・脚色：伏見晁、撮影：茂原英雄、出演：結城一郎、齋藤達雄、松井潤子
小津監督の現存する最も古い作品。1人の美女をめぐる2人の男子大学生の恋のさや当てを、スキー旅行をクライマックスに描いた青春ドタバタコメディ。昭和初期の学生風俗も興味深い。
『突貫小僧』
1929年、松竹キネマ蒲田、18分、監督：小津安二郎、出演：突貫小僧、斎藤達雄、坂本武

突貫小僧こと青木富夫の出世作。誘拐された坊やが、誘拐犯たちを困らせる爆笑喜劇。斎藤達雄演じる誘拐犯とその親分（坂本武）、そして突貫小僧の絶妙なやりとりは一見の価値アリ！子どもたちも大爆笑。

ドラマ

『モダン怪談 100,000,000 円』
1929 年、松竹キネマ鎌田、16 分、監督：斎藤寅次郎、主演：斎藤達雄、松井潤子、坂本武、小倉繁
駆け落ちした若い男女が赤城山で国定忠次の幽霊と出会うドタバタコメディ。斎藤寅次郎らしいナンセンスな笑いが全編を貫いている。
『石川五右ヱ門の法事』
1930 年、松竹、21 分、監督：斎藤寅次郎、出演：渡辺篤、横尾泥海男、青木富夫、坂本武
有名な盗賊が自分の子孫を助けるために幽霊になって復活。喜劇の神様とも呼ばれた斎藤寅次郎監督のハラハラドキドキの作品。
『虚栄は地獄』
1925 年、朝日キネマ合名社、15 分、監督：内田吐夢、出演：滝田静江、長谷川清
自分の職業を偽って結婚した若い夫婦が、本当の職を隠し見栄を張るほどドツボにはまっていく……。内田吐夢監督初期のドタバタ風刺コメディ。
『生命の冠』
1936 年、日活、54 分（本来トーキーだが無声版）、監督：内田吐夢、原作：山本有三、出演：岡譲二、滝花久子、原節子
現在の北方領土でカニ缶詰製造所を経営する兄弟の葛藤を描いた良心的作品。流氷のオホーツク海、カニ漁の様子など、現地ロケによる貴重な映像が随所に見られる。時代背景は、小説『蟹工船』と重なっている。
『東京行進曲』
1929 年、日活太秦現代劇部、縮刷版 25 分、監督：溝口健二、原作：菊池寛、出演：夏川静江、島耕二、小杉勇
雑誌『キング』に連載中だった菊池寛の同名小説の映画化。小唄映画の時流に乗って西条八十作詞、中山晋平作曲で作られた主題歌と共に大ヒットした作品。
『波浮の港』
1929 年、東亜キネマ、縮刷版 25 分、監督：根津新、出演：高田稔、歌川るり子
野口雨情作詞、中山晋平作曲の流行歌をモチーフにした小唄映画。大島から出てカフェで働く女の物語。モボ・モガの青春篇。
『街の子』
1924 年、東京シネマ商会、社会教育劇、38 分、監督：畑中蓼坡、出演：夏川静江、小島勉、小杉義夫、高橋豊子、夏川大吉（後の大二郎）
関東大震災（1923 年）後の東京下町を舞台に、懸命に生きる子どもたちを描く。
不幸にも震災で両親を亡くした少女お京は、浅草界隈に巣食う不良たちの親分金平に囚われていた。金平の倅がお京を逃がすが……。
『海浜の女王』
1927 年、松竹キネマ蒲田、縮刷版 15 分、監督：牛原虚彦、出演：鈴木伝明

鎌倉を舞台に、スポーツマンイケメン俳優の鈴木伝明が新聞記者を演じ大活躍。

『翼の世界』

1937年、日活多摩川、無声縮刷版40分、監督：田口哲、原作・脚色：武田寅、出演：島耕二、黒田記代、中田弘二

日本航空輸送会社との大々的タイアップで製作された日本初の本格的航空映画。東京飛行場に勤める二人の操縦士の友情物語。

時代劇

『血煙高田馬場』

1928年、日活京都、縮刷版6分、監督：伊藤大輔、出演：大河内傳次郎、東木寛（伴淳三郎）

講談でおなじみの堀部安兵衛の高田馬場18人斬り。大河内傳次郎が、豪快な安兵衛を演じている。現在に残るのは残念ながら6分程度だが、一応話がわかるのだからすごい。

『沓掛時次郎』

1929年、日活、63分、監督：辻吉郎、原作：長谷川伸、出演：大河内傳次郎、酒井米子、葛木香一

賭世人であるがゆえに斬った男の妻と子を連れ、堅気になろうと旅をする沓掛時次郎。だがしかし……。大河内傳次郎演じる時次郎が魅力的。

『長恨』

1926年、日活、13分、監督：伊藤大輔、出演：大河内傳次郎

敵に包囲された弟とその恋人を逃がすため、兄が命をかけて闘う。

『江戸怪賊傳　影法師』

1925年、東亜マキノ等持院、51分、監督：二川文太郎、原作・脚色：寿々喜多呂九平、出演：阪東妻三郎、マキノ輝子、高木新平、月形龍之助、中村吉松

阪妻人気を決定的にした大ヒット作。明和から天明にかけ、真の悪を挫く鮮やかな盗賊影法師が活躍する痛快時代劇。

『艶姿影法師』

1933〜34年、宝塚キネマ、前後篇53分、監督：仁科紀彦（熊彦）、出演：大谷日出夫、原駒子、阪東太郎

女であるのにお家のために男であらねばならぬ旗本篠原吟之丞（お吟）だが怪盗カゲロウといわれる鼓陣内に恋をして……。

『逆流』

1924年、東亜等持院、21分、監督：二川文太郎、脚本：壽々喜多呂九平、出演：阪東妻三郎、マキノ輝子

反逆のヒーローを描き、代表作『雄呂血』の基になったといわれる作品。現存する最も初期のころの阪妻映画。

『小雀峠』

1923年、マキノ等持院、縮刷版27分、監督：沼田紅緑、出演：市川幡谷、高木新平、阪東妻三郎

現存する最古の阪妻出演作品であり、阪妻が、悪役仇役で出演している珍品。親子の情愛、人情を描いた良心的佳作。

『開化異相』
1928 年、阪妻プロ、縮刷版 20 分、監督：犬塚稔、出演：阪東妻三郎、森静子、中村吉松
阪妻初のザンギリものとして話題になった作品。文明開化、恋人の父殺害の冤罪で投獄された男の復讐劇。
『放浪三昧』
1928 年、千恵プロ、63 分、監督：稲垣浩、、原作・脚色：伊丹万作、出演：片岡千恵蔵、衣笠淳子
伊丹万作の脚本で撮った稲垣浩監督の最古の現存作品。千恵蔵演ずる伊達主水の明朗さ、喜劇的で知的な、味わいのある優れた時代劇。
『怒苦呂』
1927 年、右太プロ、32 分、監督：白井戦太郎、出演：市川右太衛門、高堂国典
市川右太衛門 20 歳のときの作品。幕府軍に相対する教徒軍の隊長として出陣する志士、霊之介の奮闘。しかし過酷な運命が。殺陣シーンも華麗。
『斬人斬馬剣』
1929 年、松竹下加茂、縮刷版 26 分、監督：伊藤大輔、撮影：唐沢弘光、出演：月形龍之助
幕末の小さな藩を舞台に、圧制に苦しむ民を救う民衆のヒーローを、卓抜したスピード感で描く、伊藤大輔監督初期の傑作。悪人に靡く輩を味方に変えていく主人公の説教とキャラクターが魅力的。
『続　水戸黄門』讃岐の巻
1928 年、日活京都、縮刷版 24 分、監督：池田富保、出演：山本嘉一、河部五郎、尾上多見太郎
水戸老公生誕 300 年を記念して製作された日活の春秋超大作。四国高松を舞台に、老公が藩主の暴政を戒める。
『豪傑児雷也』
1921 年、日活、15 分版、21 分版、監督：牧野省三、出演：尾上松之助、市川寿美之丞
目玉のまっちゃんこと尾上松之助主演の大人気忍術もの。善を勧め悪を懲らし、お家の再興を図る義賊、児雷也。ガマ、オロチ、ナメクジの三つ巴の妖術合戦は見物。
『雷門大火　血染の纏』
1916 年、日活大将軍、監督：築山光吉、主演：尾上松之助
往年の大スター松之助の勇姿が見られる、日本の無声映画黄金期を飾る貴重な映像。江戸の華といわれた火消したち。よ組「不動の千太」の熱い生き様、立ち回りを見よ。
『弥次喜多 伏見鳥羽の巻』
1928 年、日活、23 分、監督：池田富保、出演：大河内傳次郎、河部五郎
伏見鳥羽の戦に出征することになった弥次さんと喜多さんの戦いぶりを描いたコメディ。
『弥次喜多　岡崎の猫騒動』
1937 年、大都映画、14 分、監督：吉村操、出演：大岡怪童、山吹徳二郎
おなじみの弥次郎兵衛と喜多八が、東海道の宿場岡崎でドタバタ猫騒動。当時のローレル＆ハーディ人気にあやかったデブとヤセの珍コンビ喜劇は、大都映画の名物だった。

漫画映画（アニメ）

『桃太郎』
1928年、10分、作画：山本早苗
　おとぎ話の「桃太郎」を描いた、世界に誇る日本アニメーションの原点。登場人物の表情や風景、宝物等の描写も見事。

『空の桃太郎』
1931年、横浜シネマ商会、5分、作画：山本早苗
「桃太郎」が、遠い国の乱暴者アラワシを退治に戦闘機で出かけていく。戦時中の戦意高揚に使われたと思われる漫画映画。

『一寸法師　ちび助物語』
1935年、旭物産合資会社映画部、10分、作画・演出：瀬尾光世
　ご存知一寸法師の漫画映画。大事な姫を守るため、チビ助一寸法師が大活躍。秘術のスタンプでドンドン増えるチビ助が愛らしい。

『日の丸太郎・武者修行の巻』
1936年、6分、作画：鈴木阿津志
　正義の味方日の丸太郎が、無頼漢大熊大八を忍術でやっつける、楽しいアイデア満載時代劇アニメ。

『馬具田城の盗賊』
1926年、10分、監督：大藤信郎
　大正期から活躍した国産アニメーションの草分け大藤信郎による「千代紙映画」の代表作。大ヒット映画『バグダッドの盗賊』（1924年、ラオール・ウォルシュ監督）のパロディ。

アニメ**『煙り草物語』**
1924年、3分、監督：大藤信郎
　国内外で高く評価された大藤信郎による、実写とアニメを合成したユニークなアニメーション映画。

『塙凹内名刀之巻』（はなわへこないめいとうのまき）（『なまくら刀』）
1917年、小林商会、監督：幸内純一
　現存する日本最古のアニメーション作品。デフォルメされた侍の悲喜劇がユーモアと皮肉たっぷりに描かれている。

＊これまでわたしが活弁を手がけた無声映画約200作品の中から重要なもの、比較的上映度の高いものなどを紹介しました。

【無声映画関連年表】

海外で表示のないものは米

一八三七年　ダゲールが銀盤写真「ダゲレオタイプ」（仏）

一八七八年　エドワード・マイブリッジが初の連続写真を撮影

一八八八年　**ルイ・ル・プランスが初の映画『ラウンドヘイの庭の場面』撮影（仏）**

一八九一年　**エジソン、キネトスコープ（のぞき眼鏡式）発明**

一八九三年　エジソン、キネトスコープと蓄音機でキネオフォン発明

一八九四年　日清戦争

一八九五年　**リュミエール兄弟のシネマトグラフ（拡大映写式）公開（仏）。**他にもファンタスコープ（米）、ビオスコープ（独）、アニマトグラフ（英）など

一八九六年　第一回オリンピック（アテネ）
エジソン社ヴァイタスコープ（拡大映写式）公開。ジョルジュ・メリエスがスタジオ開設し映画制作（仏）
（明治二九年）**エジソンのキネトスコープが神戸で上映。新語「活動写真」生まれる。**

一八九七年　シネマトグラフが大阪で上映、ヴァイタスコープが東京で上映

一八九八年　リュミエール社のC・ジレルが日本で撮影

一八九九年　アメリカ製の日本芸者の手踊り映画上映
最初の劇映画『稲妻強盗（ピストル強盗清水常吉）』歌舞伎座で上映
市川団十郎、尾上菊五郎出演『紅葉狩』

一九〇〇年　パリ万博
吉沢商会、国産映写機を発売。義和団事件を撮影

一九〇一年　第一回ノーベル賞

一九〇二年　日英同盟
ジョルジュ・メリエス『月世界旅行』（仏）

一九〇三年　ライト兄弟初飛行
『紅葉狩』大阪中座で公開
日本初の映画常設館、浅草電気館
エドウィン・S・ポーター『大列車強盗』

一九〇四年　日露戦争
吉沢商店、横田商会ら日露戦争撮影班を派遣

一九〇六年　梅屋庄吉、Mパテー商会創立

一九〇七年　活動写真常設の大阪千日前電気館

一九〇八年　牧野省三第一回監督作品『本能寺合戦』

一九〇九年　最初の映画雑誌『活動写真界』創刊
一九一〇年　尾上松之助第一回主演作品『碁盤忠信』
　　　　　　韓国併合。大逆事件
一九一一年　**日本最初の洋画専門館、横浜オデヲン座。外国映画公開は二五〇本**
　　　　　　映画界最初の株式会社、日本興行株式会社創立。『ジゴマ』封切
　　　　　　Mパテー社、広瀬中尉南極探検へカメラマン派遣
一九一二年　（大正元年）最初の活劇映画『火の玉小僧』。『ジゴマ』真似た犯罪増加で上映禁止。吉沢商会・Mパテー商会などが合併し日本活動写真株式会社（日活）
一九一三年　トーマス・エジソン研究所がトーキー映画発表
　　　　　　日活弁士養成所。日活向島撮影所
　　　　　　『アントニーとクレオパトラ』『ポンペイ最後の日』（伊）
一九一四年　**第一次世界大戦**
　　　　　　天然色活動写真株式会社（天活）、最初のカラー映画『義経千本桜』
　　　　　　東京シネマ、定期ニュース映画「東京シネマ画報」
一九一五年　早川雪洲、米デビュー。チャールズ・チャップリン映画デビュー
　　　　　　公開された映画六〇〇本
一九一六年　『活動之世界』創刊。傾向劇（左翼劇）流行
　　　　　　舞台と映画の結合「連鎖劇」流行
　　　　　　D・W・グリフイス『イントレランス』（米）
一九一七年　**ロシア革命**
　　　　　　下川凹天ら天活で漫画映画製作開始。弁士免許制
　　　　　　警視庁「活動写真取締規則」公布。客席を男女別。連鎖劇を禁止
一九一八年　**第一世界大戦終結**
　　　　　　女形から初めて女優を使った帰山教正『生の輝き』
一九一九年　『キネマ旬報』創刊。牧野省三、ミカド商会を起こし、教育映画の製作開始
一九二〇年　**松竹合名会社、キネマ部創設、蒲田撮影所で製作開始**
　　　　　　松竹キネマ俳優学校（小山内薫校長）
　　　　　　日活向島撮影所、初めて女優を採用
　　　　　　帝国キネマ演芸株式会社（帝キネ）創立。公開の外国映画四三二本

【無声映画関連年表】

一九二一年 **文部省「活動写真説明者（弁士）講習会」「活動写真展覧会」開催**
松竹キネマ創立、栗島すみ子入社。『カリガリ博士』日本公開

一九二二年 昼夜二回制興行、全国映画常設館で実施
フレッド・ニブロ『血と砂』（ヴァレンティノ）
フリッツ・ラング『ドクトルマブゼ』（独）

一九二三年 関東大震災
牧野省三、マキノ映画製作所創立
阪東妻三郎（阪妻）デビュー

一九二四年 キネマ旬報社、年間ベストテン映画選奨始める
城戸四郎、蒲田撮影所所長
築地小劇場

一九二五年 **治安維持法。内務省、活動写真検閲全国統一**
阪東妻三郎、初の独立プロダクション設立。二川文太郎『雄呂血』
市川右太衛門、マキノ映画からデビュー

一九二六年 （昭和元年）世界初の本格的長編カラー映画『ダグラスの海賊』
ルドルフ・ヴァレンチノ、尾上松之助逝去
大河内傳次郎、日活入社。衣笠貞之助『狂った一頁』
エイゼンシュテイン『戦艦ポチョムキン』（ソ連）

一九二七年 リンドバーグ大西洋横断
パートトーキー『ジャズシンガー』公開（ニューヨーク）
皆川芳造、最初のトーキースタジオ昭和キネマ設立
伊藤大輔・大河内博次郎のコンビによる『忠次旅日記』ヒット
嵐寛寿郎、片岡千恵蔵、マキノ映画でデビュー。
林長二郎（長谷川一夫）松竹時代劇デビュー
岡田嘉子・竹内良一、恋の逃避行
市川右太衛門、右太プロ設立
アベル・ガンス『ナポレオン』、フリッツ・ラング『メトロポリス』（独）

一九二八年 **第一回普通選挙**
嵐覚寿郎・片岡千恵蔵、独立プロダクション設立
嵐寛プロには山中貞雄、千恵プロには稲垣浩、伊丹万作監督
川喜多長政、東和商事映画部創立、ヨーロッパ映画の輸入を始める

マキノ正博『浪人街』ベストテン第一位
カール・テオドア・ドライヤー『裁かるるジャンヌ』（デンマーク）
一九二九年　ツェッペリン号世界一周
日本プロレタリア映画同盟（プロキノ）創立
牧野省三逝去。小唄映画の流行
第一回アカデミー賞（米）
一九三〇年　鈴木重吉『何が彼女をさうさせたか』ヒット。傾向映画全盛
日活、フィルム式トーキー試作『ふるさと』
一九三一年　**満州事変**
『映画之友』創刊
『モロッコ』初の日本語字幕入りトーキーとして公開、大ヒット
P・C・L創立
松竹、土橋式トーキー『マダムと女房』
傾向映画、弾圧で下火に
一九三二年　上海事変。五・一五事件
トーキーの流行で弁士・楽士らが反トーキー・スト
C・チャップリン来日
入江たか子、女優初の独立プロダクションを設立、溝口健二参加
一九三三年　ウエスタン・トーキー第一作『浪子』製作
「映画図策建議案」衆議院で可決。映画法など、官僚統制の始まり
P・C・L映画製作所
一九三四年　富士写真フィルム創立、国産フィルム最産を発表
内務省、映画統制委員会を設置
小津安二郎『浮草物語』で三年連続キネ旬ベストワン獲得
一九三五年　東京発声映画製作所創立
阪妻プロ、新興キネマに合流。多くのスター主宰独立プロ解散、トーキー化で大手会社に吸収合併
阪妻、初トーキー出演。トーキーへの転換期に苦労する俳優も多かった。過渡期のサイレントとサウンド版（音楽入りセリフ字幕）もある
一九三六年　東宝映画配給株式会社
一九三九年　日本映画ほぼトーキー化
一九四〇年　**太平洋戦争**
一九四二年　大日本映画制作株式会社
一九四五年　**第二次世界大戦終戦**

【無声映画関連年表】

一九四七年　大戦後、娯楽が少なかったため、戦前のフィルムによる活弁上映会各地で復活
一九四八年　活動弁士松田春翠、二代目春翠を襲名。各地で活弁上映会の巡回興行をして、無声映画のフィルムの蒐集を始める
一九四九年　映倫発足
一九五一年　サンフランシスコ講和条約
一九五二年　東京国立近代美術館開館。フィルムライブラリー併設。マツダ映画社設立
ジャック・タチ『ぼくの伯父さんの休暇』（無声、仏）
一九五四年　文部省主催「映画の歴史を観る会」。無声映画復活のきざし
一九五九年　第一回無声映画鑑賞会（松田春翠主宰）。往年の有名弁士も出演、現在まで継続
一九六三年　『雄呂血』オリジナルネガ発見され阪東妻三郎十三回忌に復元上映
松田春翠、ミリオン・パール賞受賞
一九七〇年　東京国立近代美術館フィルムセンター発足（現・国立映画アーカイブ）
一九七一年　徳川夢声逝去
一九七三年　澤登翠、弁士デビュー
一九七六年　『メル・ブルックスのサイレント・ムービー』（無声、米）
一九九九年　アキ・カウリスマキ『白い花びら』（無声、フィンランド）
二〇〇〇年　（平成一二年）東京キネマ倶楽部オープン。佐々木亜希子、弁士デビュー
二〇〇七年　神戸映画資料館開館
二〇一一年　ミシェル・アザナヴィシウス『アーティスト』（無声、仏・ベ・米）
マーチン・スコセッシ『ヒューゴの不思議な発明』（G・メリエスを描く）
二〇一九年　（令和元年）**周防正行『カツベン！』公開！**

あとがき

いまや、だれでも、いくらでも映像を生み出せる時代です。加工もいくらでも可能です。巷には、映像があふれていますし、テレビ、インターネット、ゲームなどがあるなかで、映画自体も、昔ほどの娯楽ではなくなってしまったのかもしれません。

そんな時代だからこそ、昔、貴重な映像を、みんなが集い合って、人いきれのする会場で語りと生演奏のついた映画を楽しんだ、その空間を、味わえたらと思うのです。いい作品に単純に感動してもいい。活弁と生演奏と映像というパフォーマンスに感激してもいい。いまは当たり前で、古くなった映画の表現に当時の映画人たちの苦労を思ってもいい。映像から当時にタイムスリップするような感覚もいい。観たら、きっとなにかを感じとってもらえると、わたしは確信しています。

映画は人類の財産、時代を切り取る鏡です。その時代を知るオールドファンの方々にも、初めて体験する子どもたち、若い世代のみんなにも、懐かしく、新しく、温かく、心躍る楽しいエンターテインメントです。ぜひ、空間ごと体験していただきたく思います。

大学の大先輩である編集者志賀信夫さんより「本を書きましょう」とお話をいただいてから一年。ようやく上梓の運びとなりました。

振り返ると、これまで大小約一〇〇〇回の活弁公演、二〇〇〇あまりの作品、映画音声ガイドも一〇〇作品ほど手がけさせていただいていました。幸せなことです。活弁上映は一人ではできません。どの公演も、映画祭も、たくさんの方が関わり、支えてくださっています。

とよはしまちなかスロータウン映画祭、はままつ映画祭、しんゆり映画祭、小津安二郎記念蓼科高原映画祭、米沢・伴淳映画祭、カナザワ映画祭、さぬき映画祭、栃木・蔵の街かど映画祭……、国立映画アーカイブ、広島市映像文化ライブラリー、北区文化振興財団、児島文化協会、茅ケ崎館や霧笛楼、シネマヴェーラ、シネマート新宿、調布シネクラブの関係各位のみなさま、共演のみなさまと、まだまだ挙げきれない多くの方々にお世話になってきたことを改めて思い起こし、感謝に尽きません。バリアフリー映画の関係各位、NPOビーマップのメンバーたちにも深謝です。

小学校から大学時代までの恩師の先生方、NHK時代にお世話になったみなさま、わたしを活弁に導いてくれた斎藤弘美さん、そして、活弁の面白さを教えてくださった澤登翠先生、マツダ映画社さま、応援くださっているみなさまに、この場をお借りして、心より厚く御礼申し上げます。一番の応援者になってくれた両親、家族にも感謝でいっぱいです。

また、映画『カツベン！』を世に送り出してくださった周防正行監督、その公開に向けて慌ただしいなか、お世話になりました東映宣伝部さまに、心より御礼申し上げます。なかなか筆の進まないわたしを根気強く待ち、励まし、背中を押し続けてくださいました編集者志賀信夫さん、誠に誠にありがとうございました。まだまだ道半ばです。自らを磨きながら、みなさまに喜んでいただけるよう精進して参ります。

佐々木亜希子（ささき・あきこ）

山形県酒田市生まれ。活動弁士。酒田北前大使。山形県立酒田東高等学校、埼玉大学教養学部を卒業後、NHK 山形放送局で契約キャスターとしてニュース番組などを担当。フリーとなり、2000 年 12 月、東京キネマクラブで活動弁士としてデビュー。故松田春翠弟子の女性活動弁士、澤登翠氏に師事。全国各地の映画祭を始め、国立映画アーカイブなどにも出演。シネマート新宿などで定期的に活弁映画上映、活弁ワークショップなどを行う。現在 200 以上のレパートリーを持つ。活弁、朗読、ナレーション、舞台出演、司会、講演、執筆など幅広く活躍。視覚障害者もともに楽しめる映画音声ガイドに携わり、2010 年に NPO 法人「Bmap」を立ち上げ、バリアフリー映画の普及活動を積極的に行っている。

掲載した無声映画の写真は、特に記述のないものは基本的に（株）マツダ映画社様提供です。

カツベンっておもしろい！
現代に生きるエンターテインメント「活弁」

2019 年 12 月 20 日　初版第 1 刷印刷
2019 年 12 月 25 日　初版第 1 刷発行

著　者　佐々木亜希子
発行人　森下紀夫
発行所　論 創 社
〒101-0051 東京都千代田区神田神保町 2-23　北井ビル 2F
TEL：03-3264-5254　FAX：03-3264-5232　振替口座　00160-1-155266
装幀／奥定泰之
印刷・製本／中央精版印刷
組版／フレックスアート
ISBN978-4-8460-1893-1